Jörg Podworny

Orte des Glaubens

Begegnungen mit Kommunitäten, geistlichen
Werken und spirituellen Oasen

scm R.Brockhaus

Die Edition AUFATMEN
erscheint in Zusammenarbeit
zwischen dem R. Brockhaus Verlag Wuppertal
und dem Bundes-Verlag Witten
Herausgeber: Ulrich Eggers

Umschlag: Dietmar Reichert, Dormagen
Satz: Satz & Medien Wieser, Stolberg
Druck: Ebner & Spiegel, Ulm
ISBN 978-3-417-26715-0
Best.-Nr. 226.715

INHALT

Einleitung

»Leuchttürme evangelischer Spiritualität«

Die ursprüngliche Idee liegt einige Jahre zurück: Man bezahlte noch mit der D-Mark, Angela Merkel war noch nicht Kanzlerin, das »Gebet des Jabez« wurde diskutiert, das Christival 2002, das Jahr mit der Bibel 2003 und die Fußball-WM in Deutschland standen erst bevor – da dachte mein leitender Kollege Ulrich Eggers laut über eine neue Serie im Magazin AUFATMEN nach. Arbeitstitel: geistliche Orte. In Beispielen wollten wir darin gelebtes christliches Leben an bestimmten »Glaubens-Orten« porträtieren; darstellen, wie sich das authentische Christsein, das seit 1995 im AUFATMEN-Magazin und vielfach als eine innere Reise beschrieben wird, dort handfest ausdrückt im Alltag, in spannenden Entwicklungen und Lebensläufen von Christen – und in den Organisationen, die aus ihrem Wirken entstanden sind.

Dieser Gedanke war der Auftakt zu einer mehrjährigen Reise durch Deutschland, in Teilen auch durch Österreich und die Schweiz. Ziel und innere Klammer dieser »Road Map« waren Orte, die sich nicht in jedem Reiseführer finden – aber allemal auch einen weiten Weg wert sind: »Orte des Glaubens«.

Der etwas spröde Sammelbegriff bezeichnet Orte, an denen der christliche Glaube buchstäblich mit Händen zu greifen ist. Orte, die vor Jahrzehnten, zum Teil vor mehr als einem Jahrhundert entstanden sind, nicht selten aus dem Nichts, oder erst nach einem langwierigen kräftezehrenden Wiederaufbau zu dem wurden, was sie heute sind. Orte, an denen Christen leben, die ihre ganz besonderen Erfahrungen mit Gott und dem Vertrauen in ihn gemacht haben und die in unterschiedlicher Form als eine geistliche Gemeinschaft zusammenleben, wie sie nicht alltäglich ist, aber nicht selten modellhaft Züge für das Miteinanderleben von Menschen trägt.

In jüngster Zeit beobachtet auch die Evangelische Kirche in Deutschland (EKD) ein »wachsendes Interesse« an Kommunitäten und geistlichen Gemeinschaften. Der Bückeburger Landesbischof Jürgen Johannesdotter, Beauftragter des Rates der EKD für die Kommunitäten, bezeichnete diese christlichen Gemeinschaften erst vor einigen Wochen als »belebte und umbetete Räume, in denen das lutherische ›Den-Glauben-ins-Leben-Ziehen‹ geschieht«, »vielerorts das Priestertum aller Glaubenden in seiner ganzen Breite geübt« wird und in denen »der Glaube in starker Weise erfahrbar« werden kann.

Auch der EKD-Ratsvorsitzende Bischof Wolfgang Huber blies in dasselbe Horn, als er die Kommunitäten und Gemeinschaften als »Leuchttürme evangelischer Spiritualität« und »einen Schatz der evangelischen Kirche« beschrieb. Nach offizieller Zählung bestehen in Deutschland rund 120 Kommunitäten mit etwa 3 000 Mitgliedern. Zu den bekanntesten gehören die Evangelische Marienschwesternschaft in Darmstadt, die Christusbruderschaft Selbitz (bei Hof) und die ökumenische Jesus-Bruderschaft Gnadenthal in Hünfelden bei Limburg.

Dieses Buch schließt einen Teil dieser Kommunitäten ein und geht andererseits darüber hinaus. Es lädt ein mit auf Entdeckungsreise zu gehen: von Adelshofen, Bad Blankenburg, Christustreff über Dünenhof, Krelingen, OJC bis zu Schloss Klaus, Selbitz, oder Wiedenest – und an eine Reihe anderer Orte mehr.

Die Porträts sind in den fünf Jahren zwischen 2002 und 2006 entstanden. Sie erzählen von Christen, die – oft wider alle menschliche Vernunft – auf Gott vertraut und unterwegs bemerkenswerte Glaubenserfahrungen gemacht haben. Ihre Geschichten und die ihrer Orte sind für dieses Buch noch einmal überarbeitet und aktualisiert worden. Manche Namen haben sich geändert, Menschen sind (aus Altersgründen) gegangen, andere an ihre Stelle getreten, die Verantwortlichen haben mit neuen Projekten begonnen, sind in Teilbereichen neue aktuelle Wege gegangen.

Geblieben aber, das lässt sich in den Erzählungen spüren, ist die Grundüberzeugung, die Leidenschaft für den Glauben, für die Berufung, die Aufgabe. Geblieben ist die Liebe der Leitungspersönlichkeiten an den »Orten« zu Jesus Christus. Ohne diese Triebfeder, so machen alle deutlich, könnte keine dieser Arbeiten länger existieren. Geblieben ist auch ihre Liebe zu den Menschen, deren Wegbegleiter sie über kurze oder längere Zeit (gewesen) sind. Und geblieben sind schließlich die organisatorischen Grundzüge und Strukturen, die in den Reportagen beschrieben werden. Die Zahlen und Daten sind für diese Veröffentlichung auf den aktuellen Stand gebracht.

An dieser Stelle ein ausdrücklicher und großer Dank an die porträtierten Gemeinschaften und die Menschen, die sie prägen! Für jede einzelne Geschichte gilt: Sie konnte so nur entstehen durch ein Zusammenspiel zwischen mir als Autor und den handelnden Personen, die bereit waren, sich und ihren »Ort« für den Blick von außen zu öffnen, mich buchstäblich überall treppauf, treppab auf Deichen und Bergen, in Heidelandschaften und Städten über das Gelände zu führen. Und dabei Einblicke zu gewähren in kleine (Gebets-)Zellen, Archive, Waschküchen, Kohlenkeller, Chefbüros, Frühstücks- und Andachtsräume, Türme, Altersheime, Ställe, Werkstätten, Reha- und Studieneinrichtungen, Chorproben, Gottesdienste oder Abendmahlsfeiern – und immer auch Einblick in persönliche Gedanken und Erfahrungen.

Die hier versammelten 18 Reportagen (jeweils mit einem kleinen Serviceteil, Adressen, Übersichten und Info-Kasten) sind Miniaturen, Skizzen kostbarer langer und nachhaltiger Erfahrungen des Lebens, Glaubens und Vertrauens in und mit Gott. Sie sind keine endgültige Sammlung. Es gibt noch viel mehr solcher Orte des Glaubens. So sind die Geschichten neben allem anderen auch dies: eine Anleitung zum Neugierig- und Wachsein ... und zum eigenen Weitererkunden.

Jörg Podworny
Witten, im Juli 2007

Plötzlich war Gott nahe

Das Lebenszentrum Adelshofen bei Heilbronn

Kommunitätsfeier im Lebenszentrum Adelshofen

Heinrich Kemner war hier, Gründer und Leiter des Geistlichen Rüstzentrums Krelingen. Und Axel Kühner, Evangelist und Buchautor. Genauso Gary Schwammlein, Leiter der internationalen Willow Creek Association und die rund um den Erdball beliebte Autorin Corrie ten Boom. Und natürlich Otto Riecker, Pastor und Autor zahlreicher Bücher zu geistlichen Lebensfragen.

Aus allen Himmelsrichtungen sind sie hier aufs »platte Land« zwischen Karlsruhe und Heilbronn gekommen, wo es ringsum fast nur Äcker, Wiesen und Wälder gibt. Quasi aus dem Nichts ist das »Lebenszentrum Adelshofen« (LZA) gewachsen; ein freies Werk in der badischen Landeskirche, das heute einer Kommunität mit 33 Frauen und Männern, einem theologischen Seminar mit 55 Studierenden und 20 jungen Menschen im freiwilligen sozialen Jahr oder Zivildienst Zuhause und geistliche Heimat ist und dessen jährlicher Kommunitätstag regelmäßig bis zu 1000 Menschen in das kleine Dörfchen zieht.

Kommt heraus aus euren Höhlen!

Rückblende: Im Januar 1955 ist die kleine evangelische Kirchengemeinde Adelshofen versammelt zur Allianz-Gebetsstunde. Nach einem »schlichten und dürftigen Schuldbekenntnis«, berichtet ihr Pfarrer Otto Riecker, »war plötzlich Gott auf eine fast beängstigende Weise nahe. Es war atemberaubend.« Für ihn, der zeit seines Christseins für eine Erweckung gebetet hat, zu diesem Zeitpunkt aber schon fast 60 Jahre alt ist, ist dieser Abend »eine Verheißung«.

Wenig später lädt er den bekannten norddeutschen Evangelisten Heinrich Kemner zu einer Evangelisationswoche ein. Wortgewaltig ruft er zur Umkehr: »Kommt heraus aus euren Höhlen, ihr Sünder! Gott wartet auf euch und ist euch gnädig!« Und der erweckliche Aufbruch geschieht – vor allem unter jungen Leuten. Über ein intensives Bibelstudium vertiefen die jungen Erwachsenen ihren Glauben, leben geistliche Gemeinschaft, besuchen benachbarte Glaubenstreffen und ziehen mit Gitarren durch die Felder, »Reichslieder« singend wie »Welch Glück ist's, erlöst zu sein« oder »Lasst die Küstenfeuer brennen« ...

Nach einigen Monaten stellt sich die Frage nach festeren Strukturen. Auf Dauer kann Pfarrer Riecker seine jungen Leute nicht »nebenher« in ihrer geistlichen Entwicklung fördern. Und ihm ist schnell klar, dass die aufgebrochene Bewegung nicht auf den Ort beschränkt bleiben wird. Also berät er sich mit geistlichen Wegbegleitern und gibt Ende 1957 das Signal zum Start einer Bibelschule. Einen Monat später haben sich vier Schüler angemeldet. Mit dieser Handvoll Leuten startet am 21. Januar 1958 offiziell die Adelshofener Bibelschule. Für den 62-jährigen Otto Riecker beginnt ein ganz neuer Lebensabschnitt.

»Es war echte Abhängigkeit ...«

»Dann setzten wir uns an den Tisch und begannen mit Matthäus 1. Wir waren im Wohnzimmer des Pfarrhauses. Es musste uns als Ess-,

Unterrichts- und Versammlungsraum dienen«, erinnert sich Riecker an die Anfänge. Ab Juni drückt der gelernte Kaufmann Peter Lohmann die improvisierte Schulbank. Er hat das bescheidene Leben der ersten Jahre noch lebhaft vor Augen: Riecker war seit 1956 verwitwet und das Pfarrhaus bis unters Dach mit der inzwischen auf ein Dutzend angewachsenen Studien- und Lebensgemeinschaft belegt. Riecker stellt ein altes Klappbett in seinem Studierzimmer auf. Peter Lohmann teilt sich mit einem Studienbruder das Pfarr-Schlafzimmer. In den Betten liegen Strohsäcke, im ganzen Haus gibt es einen Ofen und ein Plumpsklo – und immer samstags wird in der Waschküche ein heißes Bad bereitet: »Es war echte Abhängigkeit vom Herrn«, sagt Lohmann.

Regelmäßig beten alle eindringlich um Lebensmittel – »und oft«, staunt Lohmann, »kam ein Bauer: Hier habt ihr einen Sack Kartoffeln. Oder: Ich bring euch einen Schinken.« Auch viele Brotlaibe verschenken die Bauersleute. »Ich war von zu Hause gewöhnt ans Tischgebet, aber die elementare Glaubensbitte ›Unser täglich Brot gib uns heute‹ habe ich hier noch mal ganz anders begriffen«, erzählt Lohmann – durchaus nicht nur in der Rückschau: Bis heute gleicht der alte VW-Bus des Zentrums bisweilen einem rollenden Bäckerladen, wenn ein Zivi mal wieder sechs, sieben Körbe voller ofenwarmer duftender Brote abgeholt hat: Geschenk einer Bäckerei am Ort.

Das Teilen von Lebensmitteln ist in Adelshofen keine Einbahnstraße. Peter Lohmann erinnert sich: Einmal brütet die Bibelschulgruppe über der Bergpredigt: »Wer zwei Röcke hat, der gebe dem, der keinen hat.« Es klingelt an der Tür. Draußen steht »ein armer Schlucker«, der nicht viel anzuziehen hat. Er sieht sich mitten in den Unterricht gestellt mit der Frage: »Wer hat noch ein paar Socken oder eine Jacke für diesen Mann?« Ein anderes Mal fragt ein Bauer aus dem Dorf: »Herr Pfarrer, können heute nicht zwei, drei Leute helfen bei der Kartoffelernte?« – »Das hat mich manchmal gewurmt«, bekennt Lohmann, »weil ich dachte: Du bist zum Studieren hergekommen, und jetzt gehen fünf Leute erst mal ein paar Stunden auf den Acker ...« Aber das Leben ist wichtiger als irgendeine theologische Erkenntnis. Und Gott gebraucht den Einsatz der jungen Christen, wächst so doch das Vertrauen der Dorfbevölkerung zur

Bibelschule, deren Treiben sie anfangs skeptisch beäugt hatte: »Den ganzen Tag Bibel lesen – das ist doch keine Arbeit!«

Mit Jesaja 54 in die große Bauphase

Keiner hat es so programmiert. Aber die unmittelbar gelebte Nachfolge ist der Anfang eines dynamischen geistlichen Prozesses, aus dem viel mehr entsteht als nur die anfangs geplante Bibelschule. Der nächste Schritt folgt, als zu Beginn der 60er-Jahre der erste Jahrgang seinen Bibelschul-Abschluss macht und die regelmäßigen Glaubenstreffen in Adelshofen immer mehr Leute anziehen. Riecker notiert: »Wir brauchten eine Unterkunft. Es ging nicht mehr unten, wir mussten ausziehen.«

Mit einem intensiven Gebet beginnt die große Bauphase der Adelshofener Gemeinschaft, die im Dezember 1961 mit der Ersteigerung einer Baracke auf einer Anhöhe des Dorfes einsetzt und erst 1975 einen vorläufigen Abschluss erfährt. Freunde erwerben nach und nach zwei Hektar Land. Ein Wunder: Schließlich wissen die Leute 15 Jahre nach Kriegsende, was ein gutes Stück Land wert ist – und die fromme Schar verfügt kaum über eigenes Kapital; und macht im Glauben doch Verträge mit festen Zahlungszusicherungen, die durch Spenden immer fristgerecht bedient werden können. Sie vertrauen auf die Bibelpassage aus Jesaja 54: »Vergrößere dein Zelt! Spann die Zeltdecken weiter aus! Spare nicht! Verlängere die Seile und schlag die Pflöcke fest ein! Denn du wirst dich nach allen Seiten hin ausbreiten.«

Dieser Bibeltext wird in Adelshofen Wirklichkeit. Nach der behelfsmäßigen, später abgerissenen Baracke steht Ostern 1963 der Spatenstich für das erste massive Gebäude. Dem 1964 fertiggestellten »Haus Dankbarkeit« folgen das »Haus Glaubensfreude« (1967), die 1 200 Personen fassende »Gottesruf-Halle« (1970 bis 1975), das »Haus Sendung« (90er-Jahre) und das »Haus der Kommunität« (seit 1996). Die langen Bauzeiten folgen einem eisernen Prinzip: Weitergebaut wird nur, wenn das nötige Geld vorhanden ist. Und das mit Hingabe und Zähigkeit, »als totale Anfänger im Bauhandwerk, ohne Finanzierungsplan« (Peter Lohmann). Zeitweise sind die Studierenden von morgens bis abends auf der Baustelle, lassen sich nicht irritieren von großen Baugruben oder einem großen Steinhaufen, der anfangs auf dem Gelände zum Hausbau aufgeschüttet, aber lange nicht abgetragen werden konnte.

Der äußere Aufbau wird begleitet durch die innere Gestaltung der Gemeinschaft: Am 30. November 1962 schlägt die Geburtsstunde der Kommunität Adelshofen. Gut zwei Hände voll Frauen und Männer schließen sich, von Gott gerufen, zur verbindlichen Lebensgemeinschaft zusammen und geloben, künftig gemeinsam einfach und ehelos zu leben. Zehn Jahre später, im November 1972, geben die vier Frauen und sechs Männer dieser inneren Berufung auch einen äußeren Ausdruck: eine gemeinsame Tracht, schlichte hellblaue Hemden, dunkelblaue Westen und Jacken darüber, die Frauen tragen zusätzlich blau-weiße Haarschleifen.

Ursprünglich leben mit dem Herrn

»Sieh zu, dass es *erwecklich* bleibt«, hat Otto Riecker, die geistliche Vaterfigur, seinen meist 40 Jahre jüngeren Schülern eingetrichtert. Ursprünglich leben mit dem Herrn, wie es Peter Lohmann (seit Ende der 50er-Jahre Rieckers rechte Hand und ab den 70ern mit Schwester Magdalene Rodewald sein Nachfolger im Leitungsamt) ausdrückt: Das hat das gemeinsame Leben in Adelshofen geprägt. Es hat die Gemeinschaft zusammengeschweißt, als die eigene Dorfgemeinde über die fortdauernde evangelistische Verkündigung Rieckers und seinen regelmäßigen Ruf zur Entscheidung für Jesus (»Die Taufe allein genügt nicht!«) lamentierte und die Landeskirche das neue unabhängige Werk erst nach einigem Zögern anerkannte. Und es hat bis heute seinen prägenden Einfluss hinterlassen durch die Persönlichkeit Otto Rieckers, der auf der einen Seite ganz natürlich im Gebet für den täglichen Käse auf dem Abendbrottisch danken und leidenschaftlich über die »Sturheit« in der Kirche klagen konnte; und der andererseits ein Leiter mit modernem Teamdenken war: Bei allgemeinen Rund- wie bei wichtigen Seelsorgebriefen gab er dem Leitungsteam stets sein Manuskript zum prüfenden Gegenlesen. War er in einer Gemeinde eingeladen, gab er immer auch seinem Team Gelegenheit zu persönlichen Beiträgen – und fragte hinterher gelegentlich liebevoll-mahnend: »Wo war das Kreuz in deiner Botschaft?«

Einen großen Akzent setzte er zeitlebens auf ein »erweckliches« Liedgut. Was bei Titeln wie »Wag es mit Jesus« oder »Welch ein Freund ist unser Jesus« heute altertümlich klingt, waren zwischen den 50er- und 70er-Jahren »vom Maul abgeschaute« Gassenhauer mit beliebten Melodien. Auch das pietistische Liederbuch »Jesu Name nie verklinget« ist auf die Liedsammlung Rieckers zurückzuführen.

Im Nahkampf eingeübt ...

Das große A im Logo des Lebenszentrums umschließt ein Kreuz und einen Fisch. Dahinter zeichnet ein Kreis als Sinnbild der Lebensgemeinschaft den ganzheitlichen Aspekt des Zentrums nach. Wer in der gut 100-köpfigen Adelshofener Großfamilie lebt, möchte dort »das Leben teilen, Gemeinschaft üben und darin im Glauben weiterkommen«, erklärt Bruder Oskar Föller, der das LZA in einem Fünferteam seit 1999 leitet.

Von den Mitgliedern der Kommunität unterrichten acht vollzeitlich am »Theologischen Seminar Adelshofen« (TSA), wie die Bibelschule 1998 umbenannt wurde. Inzwischen hat das TSA den Status einer akkreditierten Fachschule für Gemeindepädagogik und Mission, die in Kooperation mit der *University of South Africa* ein Master-Studien-Programm anbietet. Wer die ein- bis vierjährige Ausbildung durchläuft, geht hinterher meist in den Gemeindedienst – in dem auch das 20-köpfige Jahresteam aus Zivis und FSJlern neben den Arbeiten rund ums Haus aktiv ist. Darüber hinaus engagieren sich die Mitarbeiter in der Arbeit des LZA-Missionswerks, das als freies Werk in der Landeskirche Gemeindeaufbau betreibt, Evangelisationen, Schüler- und Teenagerwochen veranstaltet oder missionarische Angebote für Männer und Frauen anbietet.

Der Kommunität angegliedert ist eine Familienkommunität unter der Leitung des Dozenten Wilhelm Faix, die gegenwärtig zehn über ganz Deutschland verteilte Familien umfasst, die einen engen geistlichen Austausch pflegen. Komplettiert wird die LZA-Großfamilie durch die dreiköpfige geistliche Zelle der »Evangelischen Lebensgemeinschaft Leipzig«.

Das gemeinsam gelebte Leben ist der wesentliche Faktor für die seit mehr als 40 Jahren ungebrochene Anziehungskraft des Lebenszentrums – auch dafür, dass alljährlich zum Kommunitätstag im Herbst rund 1 000 Christen kommen. Äußerlich sind die Treffen völlig unspektakulär, nüchterne Predigten, Chöre aus Kommunität, Jahresteam und theologischem Seminar, der Einsatz zeitgemäßer Medien ist eher sparsam. Trotzdem sind die »Kommunitätsfeiern« keine Seniorentreffen. Auch viele Teenager, junge Erwachsene und Familien sitzen in dem Zweckbau der »Gottesruf-Halle«.

Hier kommt zum Ausdruck, was im »Nahkampf« des täglichen Miteinanderlebens (Bruder Oskar) eingeübt wird. Zwar gliedert sich die Gesamtgemeinschaft tagsüber auf in Kommunität, theologisches Seminar, Jahresteam und Missionswerk. Aber die »Schwestern und Brüder« leben auf eng begrenztem Raum hautnah geistliche Gemeinschaft: »Wir leben zusammen, arbeiten, essen, feiern Weihnachten zusammen«, umreißt Schwester Dora Schwarzbeck vom Leitungsteam das Miteinander; Spannungen inklusive. Eine »ehrliche Versöhnungsarbeit« unter geistlichen Geschwistern ist dann »zwar anstrengend, aber schön«, schlussfolgert die temperamentvolle Schwester. Die Anrede »Bruder« und »Schwester« hat darin durchaus eine wichtige Bedeutung, drückt sie doch durch die Vornamen Nähe und zugleich »eine gute Distanz« aus: »Es ist eine Berufung. Er oder sie ist nicht mein Kumpel«, erklärt Bruder Oskar.

Feste über die Woche verteilte Zeiten des geistlichen Innehaltens in der hauseigenen Kapelle fördern den inneren Zusammenhalt, erzählt die leitende Schwester Gretel Walter: die gemeinsame Morgenandacht um sieben, das Mittagsgebet um zwölf, donnerstags die Fürbittezeiten für die äußere Mission, die auf die Woche verteilten Kleingruppen, die jährlichen Klausurtage der Kommunität, vor allem aber die »Lob- und Dankstunde«, in der jeden Freitagmorgen jeder berichtet von dem, was er in den vergangenen Tagen mit Jesus erlebt hat.

Fast ebenso groß ist die Bedeutung der gemeinsamen Mahlzeiten. Im Speisesaal gibt es keine Stammplätze, keine getrennten Tischgruppen für Kommunität, Seminar oder Jahresteam. Bunt gemischt geht es an den Buffet-Tischen und anschließend bei den schlichten Mahlzeiten an den Tischen zu.

Eine Lebensmittelknappheit wie in den 50ern gibt es heute nicht mehr. Bei einem Jahresetat von einer Million Euro, der zu 70 Prozent durch Spenden gedeckt werden muss, bleibt das Lebenszentrum Adelshofen aber ein Werk, das auf Gottes Versorgung vertraut.

Auferstanden aus der Krise

Vielleicht gerade wegen der unmittelbaren engen Gemeinschaft kommt die Kommunität in den 90er-Jahren in eine schwere Krise: »Krisen, Verunsicherung, Austritte von Geschwistern« listet im Herbst 2002 ein Info-Heft diese spannungsgeladene Phase auf. »Wir sind dabei gewesen draufzugehen«, räumt Bruder Oskar freimütig ein. Die tiefer liegenden Gründe dafür umschreiben Schwester Gretel und Bruder Oskar mit »auseinanderentwickelt«, »persönliche Krisen«, die »Frage der Treue ›auf Länge hin‹«.

Eine wesentliche Krisenursache besteht wohl im Zusammenhang mit dem Leitungswechsel: »Der Übergang zum jetzigen Leitungsteam ist mir sicher nicht so gut gelungen wie der von Pfarrer Riecker zu uns«, sagt Bruder Peter selbstkritisch: »Ich war nicht beweglich genug für die jüngere Generation.«

Einen weiteren Grund skizziert Oskar Föller im Zusammenhang mit dem Bau des »Haus der Kommunität«, das unbedingt ein Haus *für* die Kommunität werden soll. Jahrzehntelang waren die Verhältnisse im Lebenszentrum eigentlich zu beengt. Erst mit 45 Jahren hat etwa Bruder Oskar ein Einzelzimmer bezogen – es aber so eingerichtet, dass er es jederzeit am Wochenende für Gäste räumen konnte. »Alles für den Herrn«, der permanente Dienstaspekt, stand im Vordergrund. Das hat sich in den vergangenen Jahren geändert:

Mehr Platz durch das neue Haus bedeutet, auch den individuellen Bedürfnissen und Rückzugsmöglichkeiten Rechnung zu tragen. Das Jahresteam wechselt, die Studierenden bleiben nur einige Jahre, aber die Kommunität lebt immer hier. Darum sagt Bruder Oskar: »Man muss sich auch beheimaten.«

Mittlerweile greifen die neuen Leitungsstrukturen des Fünfer-Teams. Die Verantwortung ist auf mehrere Schultern verteilt. Einige junge Frauen und Männer werden in diesen Jahren in die Kommunität eintreten: die erste etwas größere Gruppe seit Jahren. Die Jungen sollen dabei »das gemeinsame Grundanliegen in die nächste Generation weiterführen«. Das bedeutet: Das Evangelium besteht nicht aus Büchern, sondern aus lebendigen Kontakten. Auf dieser Basis pflegt das LZA nach Föllers Worten Kontakte »zu allen christlichen erwecklich-missionarischen Gruppen«: »Wir grenzen uns nicht bekenntnishaft ab, wollen weder verkopft noch zu ›schwärmerisch‹ sein. Wir sind keine Anti-Pfingstler.« Hier zeigt sich das Erbe Rieckers, der Ja gesagt hat zu den Geistesgaben aus 1. Korinther 12, eine »schwärmerische Überbetonung des Geistes« (Lohmann) aber ablehnte. Theologisch steht Adelshofen für eine »Abkehr von jeglicher Art von Kritik an der Bibel« (Föller), ohne einer Orthodoxie und Rechtgläubigkeit das Wort zu reden.

Vermittelnd eben.

Lebenszentrum Adelshofen

Kurzfreizeiten für Familien, Kinder, Teenager und junge Erwachsene; Einkehrtage; Schulungskurse und Studientage für haupt- und ehrenamtliche Mitarbeiter in Gemeinden; Weiterbildungskurse.
Aktuelle Termine und Themen siehe Homepage: www.lza.de
Kontakt: Tel. 0 72 62/60 80; Fax 0 72 62/ 6 08 50;
E-Mail: info@lza.de

Ein kindlicher Blick vom Hügel

Das Jugend-, Missions- und Sozialwerk Altensteig im Schwarzwald

Die Gebäude des JMS Altensteig

Die Erinnerung von vor sechs Jahrzehnten steht Hermann Riefle (70) noch deutlich vor Augen: Von einem Hügel blickt er seiner Mutter hinterher, die sich gerade von ihm verabschiedet hat. Nur einmal im Jahr kann sie ihren achtjährigen Sohn besuchen, der hier im fränkischen Dinkelsbühl hart auf einem Hof arbeitet und dafür als Arbeitslohn für die Familie nicht mehr als zwei Zentner Weizen, fünf Körbe Äpfel und ein paar Kleinigkeiten aus dem Garten erhält. Mit Tränen in den Augen sieht er seine Mutter verschwinden, die im schweren Nachkriegsjahr 1946 die Familie allein durchbringen muss; darum ist er zu dieser schweren Arbeit gezwungen.

Gleichzeitig aber keimt noch ein anderer Gedanke in ihm auf: Er hat seine Mutter als Beterin kennengelernt. Und so spricht er ein kindlich vertrauendes Gebet, das weit über seinen damaligen Horizont reicht: »Gott, wenn du tatsächlich lebst, und wenn ich je im Leben zu Geld kommen sollte, dann will ich eine Einrichtung für Kinder und Jugendliche schaffen, denen es auch so schlecht geht wie mir.«

Das »Hügelerlebnis« trägt 25 Jahre

Nun sitzt Hermann Riefle bequem in einem Stuhl auf dem »Gebetsberg«, wie er und seine Mitstreiter den Konferenzraum mit einem angrenzenden kleinen Gebetsraum in dem Gebäudekomplex genannt haben, der an einen Hang geduckt oberhalb des Schwarzwaldstädtchens Altensteig liegt. Riefle hat sein Versprechen von damals halten können. Das Jugend-, Missions- und Sozialwerk (JMS) beherbergt zu Beginn des 21. Jahrhunderts eine Missionsgemeinde mit wöchentlich bis zu 800 Gottesdienstbesuchern, einer lebhaften Jugendarbeit mit bis zu 250 Teenagern und jungen Erwachsenen, die Zentrale einer Auslandsmission mit Missionaren in neun Ländern zwischen Australien, Bolivien, Mali und China, und eine breite Jüngerschafts-, Seminar-, Konferenz- und Tagungsarbeit mit ca. 10 000 Übernachtungen im Jahr.

Das »Hügelerlebnis« von 1946 war nicht nur dermaßen einschneidend in der persönlichen Geschichte des JMS-Gründers, dass es in den Schilderungen immer wieder auftaucht. Es hat auch geholfen, in schwierigen Phasen durchzuhalten: »Ich habe über die Jahre geglaubt und gelebt: Es kommt der Tag, an dem das alles Wirklichkeit wird ...« Denn der Weg des Hermann R. vom Hügel in Dinkelsbühl bis zum JMS Altensteig im Nordschwarzwald verlief keineswegs geradlinig, sondern über 25 Jahre von Schlägereien in der Jugendzeit über Schlangenlinien in der Gemeindearbeit, den Tod eines Predigers bis zu einem indischen Propheten und einer Schildkröte.

Der frühere »Chef einer jugendlichen Schlägerbande« absolviert erfolgreich eine Schreinerlehre, bekehrt sich mit 19 Jahren und erlebt seine Berufung zur theologischen Ausbildung auf der Bibelschule »Beröa« des Bundes Freikirchlicher Pfingstgemeinden in Erzhausen. Trotz mancher Eskapaden erhält er sein theologisches Diplom. In der Berliner Gemeinde von Karl Fix, dem Gründer der »Volksmission entschiedener Christen«, »schnuppert« Riefle danach fünf Jahre lang »Erweckungsluft«, erlebt Anfang der 60er-Jahre, wie Menschen sich bekehren, auch und besonders in den Gefängnissen Moabit und Plötzensee, wo er sich ebenso einsetzt wie in der Mitternachtsmission. Gleichwohl zieht es ihn wieder in den Süden, auch, weil seine Frau Doris ihm das Zugeständnis abgerungen hatte, in die Heimat zurückzukehren, sobald sie schwanger werden würde ...

Boden für Erweckung

Im Stuttgarter Raum findet sich keine Gemeinde, die Riefle einstellt. So arbeitet er ein Jahr lang auf dem Hof seiner Schwiegereltern – »immer in dem Wissen: Es kommt der Tag, an dem Gott mir alles schenkt, was ich brauche für meine Arbeit an den jungen Menschen, um sie anzustecken mit Mission, Inspiration und einem Dienergeist«.

Endlich, es ist schon das Jahr 1966, kommt Bewegung in die Geschichte. Ein Laienprediger einer Gemeinde in Egenhausen, ein paar Kilometer von Altensteig entfernt, bittet Riefle, ein paar Wochen als Urlaubsvertretung einzuspringen. Gern sagt er zu. Doch die Geschichte nimmt eine dramatische Wendung: Der Prediger stirbt im Urlaub. Die benachbarten Schwarzwald-Gemeinden Egenhausen und Beihingen bitten Riefle, das verwaiste Amt ganz zu übernehmen. Ganz überzeugt ist der neue Pastor am Anfang nicht. Aber dann spürt er plötzlich: »Hier ist Boden für Erweckung.« Klar sieht er nun »von Gott die Berufung, neben der Gemeindearbeit ein überkonfessionelles Jugendwerk aufzubauen«.

In den Folgejahren zeichnet sich zwar allmählich eine Entwicklung ab, als zunehmend junge Leute von außen zu der Gemeinde dazukommen. Aber noch ist Wartezeit, und Hermann Riefle zieht es um 1970 erneut auf den schwiegerelterlichen Bauernhof. Eines

Tages ruft eine junge Frau an, die in der Egenhauser Gemeinde aufgewachsen und jetzt in Reutlingen beheimatet ist, und spricht von einem »indischen Missionar und Propheten«, der derzeit in einer Reutlinger Gemeinde sei und unbedingt Hermann Riefle sprechen wolle. Die Begegnung der beiden gipfelt darin, dass der indische Missionar prophetisch ausspricht: »In Altensteig werdet ihr eine Erweckung erleben!«

Irritiert träumt Riefle einige Tage später davon, dass ein bestimmter Teil eines Berghanges in Altensteig mit einem Fachwerkgebäude darauf mit Gewissheit der Ort des neuen Jugendzentrums sein wird. Er bittet drei Mitglieder seiner Gemeinde mit einer prophetischen Gabe um Prüfung. Gertrud Rothacker, eine langjährige Weggefährtin, sieht daraufhin in einem geistlichen Bild eine Schildkröte. Ihr Verständnis: »Wenn du es lernst, langsam voranzugehen, wird es sich erfüllen.«

Weitere Gebete und Prüfungen folgen. Alles scheint deutlich in Richtung Jugendzentrum zu zeigen. Und dann steht Riefle mit dem ehemaligen Besitzer auf dem Hanggelände, auf dem heute das JMS steht, und erklärt ihm in seiner direkten Art: »Ich kaufe jetzt den ganzen Berg mit dem Haus drauf.«

Junge Nachwuchsleiter fördern

Einige Zeit später erfährt Riefle, dass der Vater des Hausbesitzers sich auf seinem Sterbebett bekehrt und verfügt hatte, dass das Haus samt Gelände nur an ein christliches Sozialwerk verkauft werden dürfte. »So erkannten wir, dass der Herr diesen Besitz schon lange für uns reserviert hatte.« Der Vertrag kommt tatsächlich zustande. Das Jugendwerk Riefles hat damit 1972 ein Zuhause gefunden.

Zu den vielen jungen Leuten, die nach 1970 in den Schwarzwald kommen, gehört auch Wolfgang Wangler (53). Der damals 18-jährige gelernte Lebensmittel-Kaufmann, dem die Gemeindearbeit mit Kindern und Jugendlichen ebenfalls sehr am Herzen liegt, hatte zuvor nach einem wiederholten Reden Gottes in seiner Firma gekündigt, »ohne zu wissen, wie es weitergeht«. Arbeitslos, ist er Anfang der 70er-Jahre am Wochenende »immer mal in Egenhausen« und erhält dann von Hermann Riefle eine Anfrage: Er habe den Auftrag Gottes, eine größere Jugendarbeit aufzubauen, und Wangler solle darüber beten, ob er nicht ganz in den Schwarzwald wechseln wolle.

So heuert Wangler 1972 erst halbtags als Industriekaufmann im nördlichen Schwarzwald an, in der übrigen Zeit macht er Kinder-, Jungschar- und Teenager-Arbeit im JMS. 1976 erkennt er: »Beides zusammen war nicht mehr machbar«, und er steigt ganz beim JMS ein.

Wanglers Karriere war in den zurückliegenden gut 30 JMS-Jahren typisch für viele Mitarbeiter im Werk: Hermann Riefle war der – väterliche – Leiter »mit einem Herz für junge Menschen«, der ihnen immer wieder vermittelte: »Wir sind hier von Gott zusammengestellt und machen unsere Arbeit für ihn.« Wie bei Wangler, hat Riefle bei vielen schnell gesehen: Das wird ein Mitarbeiter. Dazu kommt seine Gabe, von Gott her »Berufungen bei anderen zu erkennen«. Das wirkt unmittelbar auf die JMS-Arbeit ein: »Das JMS lebt nicht davon, dass ein starker Leiter da ist, sondern dass Menschen mit Berufungen zusammengeführt werden«, erklärt Wolfgang Wangler.

Die Fieber-Briefe von Osaka

Mit dem Kaufvertrag ist zwar die entscheidende Weichenstellung vorgenommen. Fortan aber muss Riefle mit seinen Mitarbeitern einen ordentlichen Spagat bewältigen. Neben den Jüngerschaftskursen, die sich bald entwickeln, muss das Haus mit viel Eigenleistung zum Studien- und Wohnhaus umgebaut werden. Und immer herrscht chronischer Geldmangel.

Beim Kauf hatte Riefles Schwiegervater noch finanziell gebürgt, für den laufenden Betrieb mussten andere Quellen erschlossen, ein Freundeskreis aufgebaut werden. »Aber wir haben die Erfahrung gemacht: Die Finanzen haben immer gereicht«, staunt Riefle.

In einzelnen Fällen sind auch außergewöhnliche Wege nötig. Auf einer internationalen Begegnungs- und Studienreise 1977 in Japan bekommt Hermann Riefle plötzlich hohes Fieber. Allein in seinem Hotelzimmer in Osaka, spürt er Gottes Reden über den weiteren Fortgang der Arbeit. Ein neues Ausbildungszentrum für Jugendliche soll entstehen. Aber woher das Geld nehmen? Noch im Gebet wird Riefle an zwei Frauen erinnert, die er von früher her kennt. Er diktiert zwei Briefe, in denen er die beiden Damen deutlich darum bittet, ihm ihr Geld für die JMS-Arbeit zur Verfügung zu stellen ... Wieder daheim in Deutschland, begegnet Doris Riefle einer der Frauen. Sie sagt: »Bereits bevor dieser Brief kam, sagte der Herr mir im Gebet, dass ich viel Geld auf der Bank hätte und es abheben und dem Reich Gottes zur Verfügung stellen sollte.« Die zweite Frau braucht länger, zögert, bekommt einen zweiten Brief aus Altensteig, bis auch sie Frieden über der Entscheidung hat, ihr Geld dem JMS zu geben.

Über all die Jahre leben die Altensteiger so in finanziellen Fragen »in unmittelbarer Abhängigkeit zu Gott«. Bis heute sorgen größere und zahllose kleine Spenden eines stetig gewachsenen Freundeskreises, verbunden mit der Gabe des biblischen »Zehnten« aus der Missionsgemeinde und Einnahmen aus dem Seminarbetrieb, dafür, dass der Jahresetat von zwei bis drei Millionen Euro regelmäßig aufgebracht wird. Riefle: »Heute kann ich das Werk schuldenfrei übergeben.«

Aber nicht nur finanziell gibt es Herausforderungen. 1977 stehen die Gebäude für die Jüngerschaftskurse, es sind auch junge Leute da, aber Riefle und seine Mitarbeiter merken, dass sie noch Lehrer brauchen. In seiner damals typisch polterigen Art (»Heute würd ich nicht mehr so radikal vorgehen«) fährt der JMS-Leiter darum an Pfingsten nach Hurlach zum befreundeten Werk »Jugend mit einer Mission (JmeM)« – und erklärt, er habe den Auftrag von Gott, die Gebäude zu errichten, JmeM-Mitarbeiter sollten den Unterricht darin gestalten. Nach einer verständlichen Abwehrreaktion (»So redet Gott nicht mit uns!«) kommen JmeM-Mitarbeiter acht Wochen später tatsächlich nach Altensteig, und bis in die 2000er-Jahre hinein entwickelt sich eine fruchtbare Zusammenarbeit in Form einer lebendigen Jüngerschafts-, Missions- und Evangelisationsschule.

Nicht alles funktioniert

Nun fasst das JMS richtig Tritt. Nach der Etablierung der Jüngerschaftsschule und Gemeinde entfaltet sich auch die Missionsarbeit, die 1990 auf den Philippinen beginnt und sich dann fortpflanzt, meist unter Straßenkindern und der armen Bevölkerung, in China, Albanien, Australien, der Ukraine, Chile, Mali, Madagaskar bis nach Bolivien; in Deutschland engagieren sich JMS-Missionare zudem in weiteren Sozial- und Drogen-Rehabilitations-Initiativen.

Gescheitert ist das JMS dagegen mit einer eigenen Fernseharbeit. Die Hoffnung, christliche Programme ins kommerzielle Privatfernsehen einspeisen zu können, erfüllt sich nicht. Nach einem guten Start 1986 häuft sich durch die Studioarbeit ein »Schuldenberg an, der in die Millionen ging«, und Riefle muss 1992 »die Notbremse ziehen«, das Studio auflösen und viele Mitarbeiter entlassen.

Die Gemeindearbeit hingegen blüht auf. Kommen anfangs nur junge Leute aus Egenhausen und Umgebung, erweitert sich der Radius stetig. Aus 150 Kilometer Umkreis und mehr kommen bald die Leute aus Gemeinden und lassen sich schulen. Alle vier Wochen veranstaltet das JMS öffentliche Segnungs- und Heilungsgottesdienste, die Gäste von weit her anziehen. Durch das Aufblühen der charismatischen Bewegung kommen die Geistesgaben allgemein viel stärker in den Blick, und »Altensteig wurde für viele ein Zentrum der Segnung«, sagt Riefle.

Nach und nach bilden sich »drei Säulen« (Wangler) der JMS-Arbeit heraus: Die Arbeit in der äußeren Mission und die Konferenzen, Tagungen und Seminare – unter anderem die »Worship-Academy« um den Musiker und heutigen JMS-Missionsleiter Gaetan Roy. Und schließlich die Arbeit der Missionsgemeinde, die wöchentlich 800 Gottesdienstbesucher zählt, eine Hauskreis-, Klein- und Gebetsgruppenarbeit im 50-Kilometer-Umkreis unterhält und eine vitale Kinder- und Jugendarbeit mit regelmäßig ca. 250 Kindern und rund 250 Jugendlichen betreibt.

Dabei investieren die JMS-Mitarbeiter vor allem in die »langfristige Arbeit am Menschen«, erläutert Klaus-Peter Foßhag, lange Jahre im JMS für die Arbeit mit Jugendlichen verantwortlich und heute Pastor der Missionsgemeinde. Über begleitendes Mentoring und zwei Wohngemeinschaften für junge Frauen und Männer wird versucht, sie »in ihrer Berufung zu unterstützen«, damit sie »aktiv ihren Platz finden, ihre Gaben und Fähigkeiten ausprobieren und Gott besser kennenlernen«.

Gelegenheiten dazu gibt es reichlich: Zum Beispiel auf den jährlichen großen Jugendcamps (»More of God« und »Deeper«) mit jeweils bis zu 300 jungen Leuten; und auch im vierteljährlichen regionalen Jugendgottesdienst »Holy Spirit Night«, der von mehreren Gemeinden und Organisationen vorbereitet an verschiedenen Orten stattfindet und auf dem Land regelmäßig etwa 1 500, in Städten wie Stuttgart gar bis zu 3 000 Jugendliche anzieht.

Mit Erfolg ist es dem JMS auch gelungen, Außenstationen als JMS-Ableger zu gründen, die als eigenständige Gemeinden in anderen Städten arbeiten, etwa in Aachern, Weinstadt, Herrenberg oder Schramberg.

Im pfingstlich-evangelikalen Schnittpunkt

Anfangs als »Sekte« abgelehnt, vor der Pfarrer gelegentlich »von der Kanzel herab gewarnt haben« (Wangler), hat das JMS mittlerweile in Altensteig eine hohe Akzeptanz, pflegt gute Kontakte zu den Kirchengemeinden am Ort, mit denen sie Kinderbibelwochen und andere Projekte initiieren, zur Evangelischen Allianz wie auch zum Bürgermeister. Viele JMSler wohnen im Ort, das Werk ist eingebettet in das Städtchen mit der malerischen Altstadt.

Gefragt nach dem geistlichen Standort, sieht Riefle das Werk »in einem Schnittpunkt zwischen pfingstlich-charismatischer und traditionell-evangelikaler Bewegung«. Eine Reihe der heute 28 hauptamtlichen Mitarbeiter sind in vielen christlichen Netzwerken vertreten: Sie beten mit in regionalen Gebetsgruppen (unter anderem mit dem »Wörnersberger Anker«), arbeiten mit in der Evangelischen Allianz, dem Kreis Charismatischer Leiter, dem Forum Freikirchlicher Pfingstgemeinden, beim »GemeindeFerienFestival SPRING« und sind Mitglied im Ring Missionarischer Jugendarbeit (RMJ) und der Arbeitsgemeinschaft Evangelikaler Missionen (AEM).

So sehr Hermann Riefle sich über die Entwicklung des JMS freut, so klar sagt er auch: »Nicht wir haben das Rad hier neu erfunden. Wir kennen viele, die schon seit 50 Jahren für die Region beten, und deren geistliches Erbe wir jetzt fortführen.« Das gibt es nach seiner Überzeugung immer wieder: »Gott wählt Orte aus, die er segnet – auch wenn manche, die gesät haben, die Ernte nicht mehr sehen.«

Erst im Juli 2005 hat Riefle die Gesamtleitung in die Hände von Wolfgang Wangler gelegt. Der sieht die Herausforderungen des JMS darin, die »eigene Berufung weiterzuentwickeln« und einer »Gesellschaft zu dienen, die Werte und Orientierung braucht«. Der Senior Riefle ist übrigens nicht im Ruhestand. Auf Wunsch der neuen JMS-Teamleitung begleitet er das Werk weiter seelsorgerlich und »bruderschaftsmäßig«, will weiter beobachten und seine Impulse einbringen. In alldem hat er von Gott eine »frische Vision von Reformation und Erweckung empfangen«; seit einigen Jahren betet er »für 100 neue Reformatoren«.

In seinem langjährigen Dienst hat Riefle die Wichtigkeit des langen Atems erkannt: »Wir säen auch für die Generationen nach uns ...« So soll das JMS noch lange »mit Leidenschaft Wärme ausstrahlen«; Menschen, die hierhin kommen, sollen geistliche »Frühlingsluft« schnuppern. »Und dann«, ergänzt Hermann Riefle verschmitzt, »ist es auch keine Sünde, wenn man für die Sache Gottes ein bisschen schwärmt.«

Herrmann Riefle

Jugend-, Missions- und Sozialwerk (JMS) Altensteig

Seminare, Tagungen und Konferenzen; Worship-Academy (mit Worship-Nights und -Seminaren); Seminarzentrum (130 Betten).

JMS e. V., Bahnhofstr. 43–47, 72213 Altensteig
Tel. 0 74 53/2 75-0
E-Mail: info@jmsmission.org; www.jmsmission.org

Die Großfamilien-Lern-Gemeinschaft

Der Wörnersberger Anker im Nordschwarzwald

Früherer Gasthof: Hauptgebäude des Wörnsberger Ankers

Wie viel Kilo Kartoffelsalat wurden zum 20-jährigen Jubiläum zubereitet? 100. Günthers ursprüngliche Haarfarbe war? Dunkelblond. Und Helge Keil hat einen Einbrecher mal überzeugt, das Haus ohne Diebesgut wieder zu verlassen.

Zugegeben: Diese Zeilen klingen ein wenig »gaga«. Aber sie sind Teil eines kleinen Wissensspiels, das im Freundesbrief des »Wörnersberger Ankers« abgedruckt ist. Es enthält noch andere Informationen: Dass sich in 24 Jahren 23 Paare hier kennengelernt und geheiratet haben. Dass Jesaja 54, Vers 2 eine wesentliche Bibelstelle für die gesamte Arbeit ist. Bis heute haben über 500 meist junge Menschen bis 30 Jahre in der hier ansässigen Lebensgemeinschaft zumindest eine entscheidende Prägung ihres Glaubens erfahren.

Im Wörnersberger Anker gehört alles zusammen – Kartoffelsalat und Bibel, Glaubensprägungen und Einbrecher-Anekdoten. Das ganz normale Leben und der Glaube spielen täglich Doppelpass im

Städtchen Wörnersberg, Landkreis Freudenstadt (Nordschwarzwald). Rund 230 Menschen leben hier. Auf der Hauptstraße im Ortskern kann man seelenruhig entlangschlendern. Alle Viertelstunde schlägt weithin hörbar die Kirchturmuhr.

Im Glauben weiterkommen

Vor gut 28 Jahren hat die Lebensgemeinschaft »Wörnersberger Anker« hier Wurzeln geschlagen. Heute zählt sie rund 50 Personen, mit einem vierköpfigen Leitungsteam.

Offiziell schlug 1979 die Geburtsstunde. Aber die eigentliche Geschichte begann früher: An Weihnachten 1969 saßen plötzlich 50 junge Linke im Gottesdienst in Heidenheim bei Ulm, wo das Gründerpaar Ulla und Günther Schaible damals lebte. Eine stundenlange Diskussion mit den engagierten Christen entspann sich. »Aber wir haben aneinander vorbeigeredet«, erzählt Ulla. Darum lasen sie bald nicht nur Marx, Mao und Marcuse, sondern machten es wie andere engagierte Christen in dieser Zeit auch – sie öffneten ihr Haus. Regelmäßig lebten bis zu fünf junge Leute in ihrer Wohnung mit, wuschen hier ihre Wäsche, kochten gemeinsam, tauschten sich allmorgendlich aus über Gott und die Welt.

Zwei Dinge aber bremsten die junge Lebensgemeinschaft: Die Stadtwohnung der Schaibles war auf Dauer zu klein. Und Günther war als Jugendreferent im Evangelischen Jugendwerk in Württemberg (ejw) permanent unterwegs. Darum war »erst mal Schluss mit Lebensgemeinschaft. Aber der Gedanke hat uns nicht mehr losgelassen.«

Auch deshalb, weil Günther täglich merkt: Die jungen Leute gehen in den CVJM oder Gottesdienst – »aber im Alltag leben sie wie alle anderen auch«. Rund 12 000 ehrenamtliche Mitarbeiter werden bei einer Erhebung in den 70er-Jahren im ejw gezählt. Sie werden geschult, wie man Gruppenstunden und Bibelarbeiten vorbereitet. »Aber wer kümmert sich darum, dass sie in ihrer Persönlichkeit und im Glauben weiterkommen?« In der normalen Jugendgruppe einer Gemeinde »kann man kaum geistliches Leben einüben«, stellt

Schaible fest. Jugendfreizeiten sind zu kurz. Und bei Seminar-Wochenenden »wird man in der Regel mit Material überschwemmt«. Die Konsequenz? »Man müsste einen Ort haben, an dem man zusammen lebt und arbeitet. Noch mehr Referate allein bringen nichts.«

Vorläufer: das Bauernhaus in Kapfenhardt

Diese Gedanken kommen zusammen mit dem »Traum« Günthers, einmal ein Bauernhaus im Schwarzwald zu diesem Zweck zu besitzen. Einige Jahre später wird der Traum Wirklichkeit, als sie in Kapfenhardt, einem Dorf in der Nähe von Pforzheim, ein 250 Jahre altes baufälliges Bauernhaus angeboten bekommen, das sein Besitzer aufgegeben hatte.

Im kleinen Rahmen, an einem Wochenende im Monat, beginnt hier schon das, was heute das Leben im Wörnersberger Anker ausmacht: das Leben miteinander teilen, den Glauben unmittelbar ins Leben tragen, beim Renovieren, Kochen, Spazierengehen oder geistlichen Austausch. Keiner in Kapfenhardt will ein bloßes Wohlfühl-Wochenende verbringen. Auch Fragen, Sorgen, Zweifel kommen zur Sprache. Die neue seelsorgerliche Trainingsarbeit spricht sich schnell herum. Die Wochenenden haben großen Zulauf.

Allerdings: Nur ein Wochenende Lebensschule und -gemeinschaft pro Monat ist zu wenig. Günther begreift: »Kapfenhardt ist nur ein Vorläufer«, wenn auch ein wesentlicher. Eine solche Arbeit muss viel intensiver, regelmäßiger und in einer umfassenden Betreuung geschehen. Und so beschließt ein 30-köpfiger Freundeskreis um Ulla und Günther Schaible 1978, ein neues Lebenszentrum in Angriff zu nehmen.

Geistlich »vor Anker gehen«

Über einen Gemeindepfarrer stoßen sie 1979 auf den alten Gasthof »Zum Anker« in Wörnersberg. Hier soll das christliche Lebenszentrum für junge Menschen entstehen. Für Schaibles folgt ein weiterer Glaubensschritt: Für den neuen Fulltime-Job kündigt Günther seine sichere Stelle, und der eigens gegründete Verein »Wörnersberger Anker« kauft zum 1. Januar 1980 den Gasthof. Ein Schritt, der im Laufe der kommenden Monate bestätigt wird. Das ejw erkennt die Arbeit als einen eigenen Arbeitszweig an und finanziert bis zuletzt die Stelle von Günther Schaible.

Zu ihrem Namen kommt die neue Gemeinschaft eher zufällig. Sie benennt sich schlicht nach dem Gasthof des Örtchens. Bis heute wird in den ehemaligen Wirtschaftsräumen gegessen. Im Kühlschrank unter dem Tresen findet sich immer mal ein kühles Bier. Schnell aber haben Schaibles und ihre Mitstreiter auch das Glaubenssymbol erkannt: Der »Wörnersberger Anker« soll ein Haus der Hoffnung sein, in dem man sich »in Jesus verankern«, geistlich »vor Anker gehen«, Heimat finden kann.

Am Beginn ist eine große Bauphase nötig. Ab Mai 1980 steht ein Freiwilligen-Baueinsatz nach dem anderen auf dem Programm. Im Juli können Schaibles sich im benachbarten alten Schulhaus einquartieren und im Oktober startet das erste Jahresteam mit acht Köpfen. Längst ist nicht alles bezugsfertig. Immer noch müssen Betoneimer im Hausflur hochgezogen werden, und in der provisorischen Küche wackeln die Töpfe auf einem kippligen Gaskocher. Zum Wäschewaschen, Duschen, zu Bibelarbeiten, gemütlichen Treffen am Abend und Festen muss die zusammengewürfelte Großfamilie bei Schaibles anrücken, in der einzigen baustaubfreien Zone.

Auch in späteren Jahren ist die praktische handfeste Arbeit ein ideales Lernfeld in der Lebensschule. »Hier geht die geistliche Theorie ins Leben über«, sagt Günther Schaible. Spricht man über den Bibeltext »Liebe deinen Nächsten«, dann muss sich das auf der Baustelle Anker realisieren: Niemand kann gut mit jemandem zusammenarbeiten, wenn ein Streit nicht ausgeräumt ist und man sich auf engem Raum nicht aus dem Weg gehen kann.

Eine immer wieder im Anker erzählte Geschichte berichtet von einer Renovierung, die nach einigen Jahren an den Holzschindeln der Außenfassade nötig war. Vor dem neuen Anstrich musste die Fläche Quadratzentimeter für Quadratzentimeter abgeschliffen werden. Eine monatelange, mühselige, stupide Arbeit. Und was tat das Jahresteam? Es hängte neben die zu bearbeitende Fläche Zettel mit Psalmen, die es bei dieser Gelegenheit auswendig lernte. Und Günther Schaible referierte über die alte Mönchspraxis der »meditatio«: Ein Bibelwort wird immer und immer wiederholt, bis es regelrecht zum Leben erwacht. Er sagt: »Das Ethos einer Gemeinschaft wird so geprägt.«

Räumlich dehnt die Anker-Gemeinschaft sich weiter aus. Ende der 80er-Jahre ist zusätzlich das neue Gemeinschaftshaus bezugsfertig, Häuser in der Nachbarschaft kommen als Wohnraum für die Mitarbeiter und Teams dazu. Positiver Nebenaspekt: Die Leute im Dorf registrieren: »Die stehen früh auf und arbeiten!« – so gewinnt man die Herzen der fleißigen Schwaben.

Von Stille, Pünktlichkeit und Gefühlschaos

»Der Andachtsraum war als erster fertig«, erzählt *Bettina Schaal*, seit 20 Jahren Anker-Mitarbeiterin. Der einladende Raum oben unter dem Dach ist so etwas wie eine zentrale geistliche Anlaufstelle für den persönlichen Rückzug – nicht unwichtig, wenn viele so eng beieinander leben. Hier herrscht stilles Schweigen. Wer in die Stille geht, so besagt es eine ungeschriebene Regel, soll nicht angesprochen werden.

Einen vergleichbar hohen Stellenwert im Gemeinschaftsleben hat die Pünktlichkeit. Pünktlichkeit? Günther Schaible betont: Nicht um die Pflege von Sekundärtugenden geht es, sondern beispielhaft darum, »Vertrauen zu investieren«. Wer Absprachen einhält und so anderen gegenüber seine Wertschätzung zum Ausdruck bringt, trägt dazu bei, dass auch die anderen in die Beziehung investieren. Das Vertrauen untereinander wächst.

Kniffliger ist über die Jahre eine der wenigen anderen festgeschriebenen Regeln gewesen: Die »Geschwisterregel« unterbindet innerhalb des Jahresteams strikt feste, exklusive Zweierbeziehungen. Vor allem bei Paarbeziehungen sorgt das »temporäre Zölibat« für Konflikte. »Mein Privatleben geht dich nichts an!«, zitiert Günther Schaible die Abwehrhaltung vieler frisch Verliebter. Doch natürlich ist die ganze Gruppe von einer Partnerschaft betroffen. Die Konflikte sind ein gutes (pädagogisches) Lernfeld: Es hilft der Gemeinschaft, jegliche Tabuisierung zu vermeiden, wenn klar und offen über Probleme gesprochen wird. Und die jungen Erwachsenen lernen »nicht jeder Neigung nachzugeben. Manche würden sich sonst vier bis fünf Mal im Jahr verlieben und ein erotisches Gefühlschaos hinterlassen«, sagt Günther aus Erfahrung.

Der Gemeinschaftsmittwoch beginnt früh um sieben

Normalerweise leben gut 20 Mitarbeiter und ihre Familien, dazu etwa 13 junge Leute im Jahresteam im Anker zusammen. Vor allem an Wochenenden wird das Zentrum zusätzlich bevölkert. Gut 70 Seminare, Schulungen, Workshops, Studientage und Stille Tage, Angebote für Ehen und Familien mit rund 3 500 Teilnehmern stehen, teils parallel, in jedem Jahr an. Darum »findet unser Gemeinschaftsleben vor allem unter der Woche statt«, erzählt Susanne Kraft, Mitarbeiterin und Ehefrau von Arne Kraft aus dem Leitungsteam. Regelmäßige Gemeinschaftszeiten sind fest in den Wochenplan eingebaut.

Hauptgemeinschaftstag ist der Mittwoch. Schon früh um sieben füllt sich – pünktlich – der Andachtsraum unterm Dach. Abendmahlsgemeinschaft mit einer festen in Ringbüchern abgedruckten Liturgie. Reihum reicht man sich zum Abschluss beide Hände zum Friedensgruß Christi, und mit der Zusicherung »Und wohin wir gehen, dahin geht nun auch der Herr« verstreuen sich alle über den Ort. In vielen kleinen Hausgemeinschaften mit vier, fünf Leuten wird zusammen gefrühstückt. Die Zusammensetzung ist bunt, für ein Jahr bleibt die Gruppe zusammen. Schon bei Tee, Kaffee und Brot gibt es persönlichen Austausch über die vergangene Woche. Eine gute Stunde lang folgt darauf eine geistliche Runde mit Lobpreis, Gebet und einem Thema.

Danach schwärmen alle an ihre Arbeitsplätze. Unter Anleitung von Mitarbeitern und Fachleuten legen die jungen Erwachsenen des

Jahresteams kräftig mit Hand an, lernen in den Arbeitsbereichen Küche, Hausarbeit, Technik, Kreativbereich und Schreinerei auch ihre Selbstständigkeit zu entwickeln. Zu gemeinsamen Erfahrungen werden zudem das Eintüten, wenn alle drei Monate die 6 500 Anker-Freundesbriefe verschickt werden, und einmal im Jahr eine Begegnungsreise ins Ausland.

Neben dem offiziellen Programm kommt es den Tag über immer wieder zu »kleinen« Begegnungen, erzählt Bettina Schaal: Da lädt man sich nach dem Mittagessen zum Cappuccino ein, spontane Spieleabende werden angesetzt oder Geburtstage gefeiert, wie sie fallen. In dem allen die richtige Dosis Nähe und Distanz auf begrenztem Raum einzuüben, ist die wichtige Lektion, die das ganze Jahr über braucht.

An jedem Mittwoch feiert die Anker-Gemeinschaft abends Gottesdienst. Für zwei Stunden nehmen sich alle am Ende eines Gemeinschaftstages ausgedehnt Zeit für Lobpreis, Gebet und eine längere Predigt. Hier öffnet sich die Gemeinschaft auch bewusst nach außen. Die offenen Gottesdienste ziehen viele Leute aus umliegenden Gemeinden an. Nicht wenige nehmen eine Anfahrt von 50 Kilometern auf sich, um sie zu erleben.

Gute Lehre, praktischer Glaube

Noch weiter gefahren, zumindest früher, ist *Helge Keil* (39). Der Theologe aus Westfalen hat den Anker zu Pfingsten 1989 kennengelernt. Damals war er im Zivildienst und konnte zum halben Preis mit der Bahn fahren. Das hat er weidlich genutzt und allein bis 1991 mehr als ein Dutzend Veranstaltungen im Anker besucht. Mittlerweile kennt er die Gemeinschaft in- und auswendig. Nur vom Vikariat unterbrochen, ist er seit 1997 theologischer Mitarbeiter im Anker-Team. Seit Sommer 2004 ist er der neue Gesamtleiter. Auf die Frage, was ihn am Anker fasziniert, antwortet er sehr spontan: »Ich bin immer beeindruckt gewesen von der guten biblischen Lehre, kombiniert mit dem praktisch gelebten Glauben. Denn der Glaube muss im Alltag lebensfähig sein. Wenn er von Montag bis Samstag nicht gelebt werden kann, dann brauch ich ihn am Sonntag auch nicht ...« Ganz ähnlich äußert sich der Geschäftsführer *Arne Kraft* (40), der wie seine Frau Susanne seit seiner Jugendzeit mit dem Anker verbunden ist und von der »Faszination« der »Kombination von Glaube und Leben« spricht.

In dem jungen Team fühlt sich *Andreas Roth* (62), Leiter der Lebensgemeinschaft, zwar gelegentlich als »alter Knacker«, aber zusammen mit seiner Frau *Erika* (59) weiß er sich durch viele persönliche Erfahrungen von Gott in diese Arbeit geführt. Seit 1995 haben Roths die Ehe- und Familienarbeit des Ankers mitgeprägt und gesehen, wie sich der Etat auf mittlerweile eine Million Euro verdoppelt hat – wovon zwei Drittel durch Spenden, der Rest durch Seminare und Verkäufe getragen wird –, vor allem aber, wie die seelsorgerliche Begleitung der Anker-Leute über die Jahre von gleichbleibend hoher Bedeutung gewesen ist. Vom ersten Tag an, als sie unmittelbar nach ihrer Ankunft eine weinende Mitarbeiterin zum Kaffee mit in ihre Wohnung genommen haben, haben Erika und Andreas Roth erkannt: »Wir sind hier, um die Mitarbeiter in ihrem Leben und ihren Aufgaben zu ermutigen.«

Evangelikal-charismatische Brückenbauer

Wer in die Anker-Gemeinschaft eintritt, »muss nicht seinen Kirchenpass vorzeigen«, sagt Arne Kraft. Geistlich, fügt Helge Keil an, gibt es eine »gewollte große Bandbreite«. Traditionell bestehen gute Kontakte zur Württembergischen Landeskirche und zum CVJM. Von der »geistlichen Heimat Landeskirche« aus versteht die Gemeinschaft sich als »Brückenbauer zu Geschwistern anderer Prägung oder Konfession«, hat Helge Keil formuliert. Darum findet sich bei den Leuten, die als Team, als Gäste oder Referenten zu Seminaren oder Gottesdiensten in den Anker kommen, »die ganze Bandbreite christlicher Frömmigkeit« (Kraft), von Pietisten über Freikirchen bis zu Christen aus der Pfingst- und charismatischen Bewegung, ehemalige Trappisten-Mönche oder Pfarrer aus der katholischen Fokolar-Bewegung. Das »Gästehaus Edelweiler« in einem

Nachbarort, das seit Mitte der 80er zum Anker gehört, wird zunehmend auch »ein Raum zur Gottesbegegnung«, konstatiert Koil.

Bündig fasst Günther Schaible zusammen: »Wir sind evangelikal-charismatisch, fußen dabei in der Lehre klar auf dem Boden der lutherischen Theologie, leben in der äußeren Form aber in der großen Freiheit, die die Bibel bietet.«

Als Werk ist der Anker seit vielen Jahren verbunden mit Netzwerken wie dem württembergischen »Kreis zur Einheit« und dem bundesweiten Leiter-»Treffen von Verantwortlichen«. Internationale Kontakte gibt es in einige Nachbarländer, aber auch bis hin zu einer Straßenkinderarbeit auf den Philippinen oder zu Christen in Island, die dort eine Anker-Arbeit aufbauen.

In erster Linie ist die Lebensgemeinschaft aber eine »Schule«, in der junge Christen zu Persönlichkeiten reifen und ihr Leben entfalten sollen. Die Zahl derjenigen, die hier für ein Jahr mitleben und -arbeiten und in Blockwochen und regelmäßigen Studieneinheiten auch theologisch fortgebildet werden, ist über die Jahre mit 13 bis 18 Leuten ziemlich konstant geblieben. Andreas Roth umreißt die Gemeinschaft mit den Worten: »Hier leben Christen zusammen, die

Hausgemeinschaft am Gemeinschaftstag

sich bewusst dem Gemeinschaftsleben aussetzen wollen.« Für Arne Kraft liegt ein wesentlicher Unterschied zum gewöhnlichen Gemeindeleben darin, dass der Glaube hier »viel transparenter wird. In Gemeinden kann man sich leichter aus dem Weg gehen. In unserer Gemeinschaft muss ich auch Konflikte bewusst angehen und mich auseinandersetzen.«

Helge Keil seinerseits ist sehr dafür, »die ›Anker-Idee‹ zu multiplizieren«. Dabei trifft er sich haargenau mit seinem Vorgänger. Günther Schaible meint: »Ich denke, man muss noch viel mehr solche christlichen Lebenszentren gründen in den nächsten Jahren.«

Wörnersberger Anker

Christliches Lebens- und Schulungszentrum
Hauptstraße 22, 72299 Wörnersberg
Tel. 0 74 53/94 95-0; Fax 0 74 53/94 95-15
E-Mail: info@ankernetz.de; Homepage: www.ankernetz.de

»Warst du schon mal in Blankenburg?«

Das Evangelische Allianzhaus Bad Blankenburg

Blick in Bad Blankenburgs ehrwürdige Konferenzhalle

Ein wenig verlegen duckt sich Reinhard Holmer: »Werde ich dem gerecht, was die Väter hier aufgebaut haben?« Seit 1993 leitet der 51-jährige Mecklenburger das Evangelische Allianzhaus Bad Blankenburg – rund 14 der insgesamt 121 Jahre, die das evangelische Allianzwerk schon besteht. 1886 erwarb Anna von Weling hier in Bad Blankenburg, im Herzen Thüringens, die ehemalige »Villa Greifenstein« und taufte sie in »Christliches Vereinshaus« um: die Geburtsstunde des Allianzhauses.

Heute ist das geografisch in der Mitte Deutschlands gelegene »Haus« auch nominell Zentrum der Deutschen Evangelischen Allianz. Der juristische Sitz der Allianz liegt – wieder – in Thüringen, seit 1990 der westliche Teil der evangelikalen Dachorganisation dem östlichen beigetreten ist. Die alljährlich im Sommer abgehaltene »Allianzkonferenz« hat bis ins benachbarte Ausland einen Namen als das zentrale Treffen der evangelikalen Christen in Deutschland.

Jahr für Jahr kommen rund 2 500 Teilnehmer aus unterschiedlichen Denominationen zu der viertägigen Bibelkonferenz. Ohne Bad Blankenburg ist die Deutsche Evangelische Allianz nicht denkbar. Hier finden sich ihre Grundlagen. Hier erhielt sie ihre wesentlichen Impulse.

Mit dem Gaul »Vorwärts« zur »Thüringer-Wald-Mission«

Schon vom Zug aus hebt sich am gegenüberliegenden Hang die Konferenzhalle mit dem großen Kreuz ab. Acht Gebäude zählen anno 2007 zum Allianzhaus-Komplex, der sich auf einer Fläche von 12 000 Quadratmetern ausbreitet.

Kies knirscht unter den Füßen. Neben dem Parkplatz taucht ein kleines unscheinbares Grab auf: Anna Thekla von Weling (1837–1900). Die charismatische Gründerpersönlichkeit mit starken biografischen Erfahrungen in England und Schottland und exzellenten Kontakten zu Fürstenhöfen und adligen Kreisen – mal als »bezaubernd«, mal als »Generalstabschefin« bezeichnet – liegt hier bestattet. »Was ich von ihr weiß«, sagt Reinhard Holmer, »fasziniert mich ungeheuer.«

Nur 14 Jahre vor ihrem Tod war sie nach Bad Blankenburg gekommen – und ging entschlossen zur Sache. Sie weiht ihr neues Haus 1886 Gott zu dem Zweck, »den Namen Jesu zu verherrlichen durch Aufnahme elternloser Kinder und durch Verkündigung des Evangeliums an die Verlorenen«. Bald schon kommen 350 Kinder in ihre Sonntagsschule, Eltern hören bei Mütterabenden und Bibelstunden die christliche Botschaft. In diesen Jahren startet sie auch die »Thüringer-Wald-Mission«: Sie bekommt eine Kutsche und ein Pferd geschenkt – »der Gaul hieß ›Vorwärts‹«, schmunzelt Holmer –, gewinnt den Evangelisten Oswald Penzold und zieht mit ihm los zur Evangelisation in die nähere Umgebung. Gastarbeiter, die an der Eisenbahnlinie in der Gegend bauen, versorgt Anna von Weling, die fünf europäische Sprachen spricht, mit christlichen Schriften in deren Muttersprachen.

Mit sprühender Energie und zahlreichen Spenden baut sie unterdessen ihr neues Domizil aus. Nach drei Jahren in Blankenburg entsteht das »Haus der Hoffnung« und 1893 als weiteres das »Haus des Friedens« – mit einer bezeichnenden Bestimmung: »für im Dienst müde gewordene Reichsgottesarbeiter«. Dies trägt der konfessionellen Wirklichkeit in Deutschland Ende des 19. Jahrhunderts Rechnung: Einer der »Väter« des in Blankenburg entstandenen Allianzwerks, der methodistische Prediger Heinrich Ernst Gebhardt, hatte zuvor noch im Gefängnis gesessen, weil er von lutherischen Pastoren (!) *wegen seines Glaubens angezeigt* worden war. Im »Haus des Friedens« lädt Anna von Weling nun ab 1893 Pastoren und Prediger *gleich aus welcher Denomination* ein, damit sie gemeinsam singen, die Bibel lesen, sich ausruhen – und dabei begreifen, was es heißt, an den *einen* Herrn zu glauben. »Da wird Allianz-Gemeinschaft entstehen!«, war ihre Hoffnung.

Beharrlich und mit zäher Kraft lebt sie ihre in England geborene Vision einer Allianz der geistlichen Einheit. Schon 1886 lädt sie für den Juni zur Blankenburger Konferenz ein. Aber: *»Der Einladung folgte niemand«*, vermerkt das Protokoll.

Ermutigt von Freunden, verschickt sie erneut Einladungen. Diesmal mit Erfolg: Im September kommen 28 Christen zusammen, die im Wohnzimmer Anna von Welings die *1. Blankenburger Allianzkonferenz* abhalten. Etwas bis dahin völlig Neues: Baptisten, Lutheraner, Methodisten versammeln sich zu einer *gemeinsamen* Konferenz. In den Folgejahren zeigt sich bei der Allianzkonferenz der weite Horizont der Gründerfrau: Nie »werks-egoistisch« denkend, lädt sie Missionare ein, die über die Armenierfrage, den Boxeraufstand in China oder den Burenkrieg in Südafrika berichten. 1896 spricht hier gar der berühmte China-Missionar Hudson Taylor, der nur selten nach Deutschland kommt. Anna von Welings Frage bleibt permanent: »Wo sind die Brüder, die uns den Horizont öffnen?«

Wenig verwunderlich, dass die Teilnehmerzahl der Konferenz beständig wächst. Wieder entsteht ein neues Gebäude: die erste Konferenzhalle. »Es muss der größte Tag im Leben Anna von Welings gewesen sein, als sie 1898 den Schlüssel vom Architekten erhielt und die Konferenzhalle, die Platz für 700 Leute bot, aufschloss ...«, vermutet Reinhard Holmer.

»Da musste wieder gebetet werden«

Das Jahr 1900 bildet eine Zäsur im Allianzhaus. Die Gründerin stirbt im Mai. An ihre Stelle tritt ein Komitee von Brüdern, die das Haus in ihrem Sinne weiterführen wollen. Aber von allen unbemerkt, ist am 1. Januar 1900 das Bürgerliche Gesetzbuch im Kaiserreich eingeführt worden. Und das besagt unter anderem, dass nur »juristische oder natürliche Personen« eine Erbschaft antreten können. Das Komitee kann nichts erben! Eine dramatische Entwicklung mit vielen Verhandlungen mit der Erbengemeinschaft in Schottland führt 1902 zu einem guten Ende: Die eigens zu diesem Zweck in Halle gegründete GmbH kann als einziger Bieter im Juli den gesamten Komplex erwerben. Allerdings: Für 55 557 Mark muss das Komitee das ersteigern, was den Brüdern im Sinne der Erblasserin eigentlich schon gehört hatte.

Nächster namhafter Leiter des Allianzhauses wird ab 1906 Ernst Modersohn. Der vom Siegerländer Pietismus geprägte Theologe geht als »Mann des Gebets« in die Geschichte der Blankenburger Allianz ein. Das wichtigste Ereignis seiner Zeit wird der Bau der neuen Konferenzhalle mit 1 800 Sitzplätzen. Modersohn beginnt seinen Dienst im April 1906. Bis zur Konferenz Ende August, so sein erster großer Auftrag vom Komitee, sollte möglichst eine neue Halle stehen. Erste Planierungs- und Ausschachtungsarbeiten haben begonnen, als Modersohn Anfang Juni in Mülheim/Ruhr predigt. Bei einem Gebetstreffen bittet er: »Brüder, wir müssen noch dafür beten, dass die Halle bis zur Konferenz fertig wird.« Ein älterer Bruder im Herrn, Heinrich Rappard, neigt sich zu ihm: »Lieber Bruder, wie weit seid ihr denn mit eurer Halle?« – Modersohn gesteht: »Wir haben noch nicht die Baugenehmigung.« Darauf Rappard: »Ein solches Gebet hieße den Herrn versuchen. Und du sollst Gott, deinen Herrn, nicht versuchen ...«

Am 15. Juni kommt die Baugenehmigung – und ein Satz wird zur geflügelten Redewendung: »Da musste wieder gebetet werden« – egal, ob es um Träger ging, um Stühle oder darum, dass es dringend aufhören musste zu regnen. Und die Blankenburger Bauherren erlebten zahllose Gebetserhörungen. Tatsächlich war die Halle nach nur zehn Wochen Bauzeit fertig. Reinhard Holmer ist fasziniert von solch einem starken »kindlichen Glauben«.

Kriegsjahre: Material- und Flüchtlingslager

Modersohn blieb nur vier Jahre Allianzhaus-Direktor. Als landeskirchlicher Pastor wollte er in die Landeskirche hineinwirken, was ihm erschwert wurde durch einen deutlich »antikirchlichen Grundton« (Holmer) im ebenfalls in Blankenburg herausgegebenen »Allianzblatt«, mit dem er ungewollt identifiziert wurde. Auch war er befreundet mit dem Evangelisten Jonathan Paul, einem Kopf der Pfingstbewegung in Deutschland. Das führte zwangsläufig zu Konflikten, als 1909 die anti-pfingstkirchliche »Berliner Erklärung« veröffentlicht wurde, die nach Einschätzung des Predigers und Blankenburg-Historikers Werner Beyer »wahrscheinlich initiiert worden ist von Vertretern der Blankenburger Allianz«. Nach seinen Worten war »Modersohn immer für das Verbindende und Neutrale«. Zudem war er zeitlebens als Evangelist zwischen Siebenbürgen, Holland und der Schweiz unterwegs und konnte die Doppelbelastung nicht länger tragen. Als einfacher Pastor, Schriftsteller und Redner blieb er aber auch nach 1910 dem Allianzwerk verbunden. Auf seine Initiative hin gab es 1947 einen – eintägigen – Wiederbeginn der Allianzkonferenz nach dem Krieg.

Trotz der beiden Weltkriege und der Turbulenzen der Weltwirtschaftskrise 1929 haben die Konferenzen bis auf wenige Ausnahmen stattgefunden, wenn auch die Geschichte in der ersten Hälfte des 20. Jahrhunderts »ruhiger dahingeplätschert ist und im Dritten Reich alle etwas verhaltener vorangehen mussten«, wie Beyer auch die konfliktträchtigen Jahre um die linientreuen »Deutschen Christen« nach 1933 umschreibt. Das Kriegsjahr 1914 bildete so eine Konferenz-Auszeit, oder die Kriegsjahre 1939 bis 1945, als die Halle beschlagnahmt war, kriegswichtiges Material eingelagert wurde oder eine Nährmittelfabrik dort angesiedelt war, bevor 1945/46 Flüchtlinge aus dem Osten hier eine erste Nachkriegs-Heimat fanden.

Nüchternes Jugendfestival: 15 Bibelarbeiten in vier Tagen

1949 – im Jahr zuvor hatte eine kleine 2-Tages-Konferenz in der Blankenburger Kirche stattgefunden – beginnt in der Wirklichkeit der beiden frisch konstituierten deutschen Staaten eine neue – 40-jährige – Zeit, die der Allianzkonferenz eine bis heute unverwechselbare Prägung gibt. Und sie beginnt mit einem Paukenschlag. Zwar verbieten die neuen Machthaber die Konferenz nicht. Sie sperren aber die Halle, obwohl sich schon mehr als 2 500 Teilnehmer auf den Weg gemacht haben. Unter Vermittlung des Thüringer Bischofs Mitzenheim erreicht eine Blankenburger Delegation nach zwei Tagen schließlich doch die Genehmigung und »unter Lob und Dank« (Holmer) zieht die Konferenz-Gemeinschaft, die vorher durch die Phalanx der FDJ-Wachleute behindert war, in die Halle ein. »Von da an war die Konferenz gerettet«, freut sich Holmer, der erst 1975 als 19-Jähriger zum ersten Mal dabei gewesen ist, seither aber in keinem Jahr gefehlt hat. »Warst du schon mal in Blankenburg?«, lautet die in den pietistischen DDR-Kreisen ständig wiederkehrende Frage. Holmer fängt Feuer, als ihn sein Vater mitnimmt, der bei der Konferenz predigt, kehrt schon im nächsten Jahr als ehrenamtlicher Helfer zurück und leitet jahrelang das Konferenzbüro.

Wie Tausende anderer begeistert ihn das Gemeinschaftserlebnis. Bis zu 80 Prozent junger Leute unter 30 machen die Konferenz zum Jugendfestival; einem nüchternen: In 12 bis 15 Bibelarbeiten werden ganze biblische Bücher durchkämmt, von morgens bis abends konzentrierte Stille in der Halle und auf dem Gelände, wohin die Predigten per Lautsprecher übertragen werden. Selbst der Hang auf der gegenüberliegenden Talseite wird einige Jahre lang beschallt. Die »drei, vier offiziellen Beobachter, flankiert von 30 inoffiziellen Stasi-Beamten« staunen mit den Jahren immer wieder über die große Zahl Jugendlicher, die sich freiwillig vier Tage lang Bibelarbeiten anhören, erzählt Beyer.

Improvisation wird seit den 50er-Jahren großgeschrieben bei der Konferenz. Das Allianzhaus ist nicht angelegt für mehrere tausend Besucher. Auf Strohsäcken, in der Bügelstube, auf dem Flur, im Gemeindehaus und in der Stadthalle campieren die Teilnehmer zu Hundertschaften, waschen sich mit fließend Kaltwasser an rohen Holztrögen, füllen geduldig die peniblen polizeilichen Meldescheine aus. »Der Staat hat uns immer auf den Mond gewünscht«, meint Werner Beyer, ist aber wegen der internationalen Aufmerksamkeit vor Repressalien zurückgeschreckt. Anfang der 70er-Jahre verfallen die SED-Funktionäre daher auf eine List: Kurzerhand wird ein Handball-Länderspiel in die Stadthalle gelegt. 700 Konferenzgäste, so das Kalkül, können nicht untergebracht und müssen nach Hause geschickt werden. Stattdessen aber fragt die Konferenzleitung bei Gemeinden in den umliegenden Orten Rudolstadt, Saalfeld oder Königsee an und findet dort Unterkünfte. Die Folge: Nicht mehr nur Bad Blankenburg, sondern der ganze Umkreis wird vom Bild junger Christen geprägt, die überall christliche Lieder singen: auf dem Gelände, in jedem Bus, auf jeder Straße, den Marktplätzen ...

Ab Mitte der 70er wechselt die Strategie: Abgesehen von ein paar Sticheleien, setzen die Funktionäre auf Kooperation. Plötzlich gibt's Stangeneis im Blankenburger »Konsum«; Vertreter der örtlichen LPG tauchen bei der Konferenzleitung auf und fragen nach Helfern bei der Kartoffelernte: Es wäre schön, wenn sich morgen so etwa 30 junge Leute einfinden könnten. Der Busfahrer, der am nächsten Tag die Erntehelfer zu den Feldern transportieren soll, staunt nicht schlecht: Rund 150 Freiwillige tummeln sich am Treffpunkt im Ort. Bei der Ernte sammeln sie so viel und schnell, dass die Vorarbeiter bremsen müssen: »Nicht so schnell! Ihr versaut jede Norm!« Beim Kartoffelsammeln zu zweit um einen Korb führt das oft zu vertieften Gesprächen – mit Ehe stiftenden Nebenwirkungen: »Bei meinem Bruder Johannes hat's auf dem Kartoffelfeld richtig gefunkt«, erzählt Reinhard. Bis 1989 bleibt die Kartoffelernte am Konferenzsamstag eine feste Einrichtung. Rekordernte 1985: 150 Tonnen.

Stimmungsvolle Burgkonzerte

Einen Bruch nach der Wende 1989 sieht Reinhard Holmer bei der Konferenz im Allianzhaus nicht, eher eine kontinuierliche Entwicklung. Geblieben sind die kon*zentrierte*n Bibelarbeiten und die Evangelisationsveranstaltungen an jedem Abend. Ein Teil der Bibelarbeiten ist durch Themenseminare ersetzt worden. Und es gibt heute mehr Musik und Theater, Nachtkonzerte, Filme oder Gebetsnächte. Seit Ende der 70er ist auch die Konferenz-»Zeltstadt« am Allianzhaus zu einer festen Einrichtung geworden, die inzwischen jährlich 1 000 Leute beherbergt. Anfangs noch von Holmers Vorgänger Karl-Heinz Mengs mit großen Sanitätszelten begonnen, kamen nach und nach immer mehr Privatzelte dazu. Daraus ist der romantischste Teil der Blankenburger Konferenz erwachsen: Die Zeltstadt liegt an einem Hang. Folge: Die Bewohner rutschen nachts abwärts, wachen morgens am unteren Zeltende auf; schon ganze Zelte sind zusammengebrochen. Also verkürzen viele die Nachtruhe, nutzen die Sommernächte, um nach dem Nachtprogramm kurz vor Mitternacht noch zur oberhalb des Allianzhauses gelegenen Burg Greifenstein zu pilgern und dort bei Lampenschein innerhalb der Burgmauern zu reden und zu singen. In den vergangenen Jahren hat die Konferenzleitung zusätzlich Open-Air-Konzerte organisiert. Motto: Feiert Jesus! »Da kann's ruhig mal abgehen«, findet Holmer.

»Wir haben Gottes Geschichte erlebt«

Zu DDR-Zeiten sind höchstens »zwei Handvoll« Christen aus dem Westen zur Konferenz ins Allianzhaus gekommen. Heute kann jeder gen Osten reisen, und viele Evangelikale fahren im Sommer nach Blankenburg, wenn auch Thüringen nicht mehr ein so beliebtes Reiseziel ist wie zu den beschränkten Zeiten des »Eisernen Vorhangs«. Aber Reinhard Holmer hat noch eine andere Barriere entdeckt: »Der Osten ist für viele im Westen noch zu weit weg. Bad Blankenburg scheint manchem Hamburger weiter entfernt als München.« Sein Wunsch: dass das Allianzhaus tatsächlich wieder seinem Anspruch gerecht wird, *Zentrum* der Deutschen Evangelischen Allianz zu sein und dazu beitragen kann, dass die Christenheit in Deutschland enger zusammenwächst. In diesem Zusammenhang beschäftigen ihn nicht entscheidend Fragen nach den Belegungszahlen im Gästehaus oder schwarze Zahlen im Haushaltsbuch. Sondern: »Wir müssen wieder mehr Ausstrahlung gewinnen, einen Ort schaffen, wo sich Christen unterschiedlicher geistlicher Prägung zu Hause fühlen. Und wir müssen unsere zielgerichtete missionarische Stoßkraft zurückgewinnen! Es reicht mir nicht aus, für ein christliches Bildungsbürgertum mittleren Alters schöne Ferientage zu gestalten!«

Schließlich gilt für Bad Blankenburg: »Wir haben Gottes Geschichte erlebt.« Im 19. wie im 20. Jahrhundert.

Evangelisches Allianzhaus

Esplanade 5–10a, 07422 Bad Blankenburg
Tel. 03 67 41/2 10; Fax 03 67 41/2 12 00
E-Mail: info@allianzhaus.de; www.allianzhaus.de

Die Stadt auf dem Berge

Die Pilgermission St. Chrischona bei Basel

Blick auf den Chrischona-Missionsberg

Eine dünne Schneedecke hat die Landschaft in der Nacht weiß bezogen. In der klaren Winterluft liegen die kleine Bäckerei, das Haus »Alte Heimat«, das Kirchheim, der dreistöckige »Brüderhaus«-Bau, daneben das moderne Tagungszentrum, das Frauenwohnhaus, die spätgotische Kirche und das »Haus zu den Bergen«: angekommen bei der »Pilgermission St. Chrischona« oder – wie nicht nur Schweizer Kenner sagen – »auf dem Berg«.

522 Meter über dem Meeresspiegel liegt die Chrischona-Siedlung oberhalb der Gemeinde Bettingen im Kanton Basel-Stadt. 1840 hat das Werk der Pilgermission mit einer Handvoll theologischer »Azubis« auf dem Berg seinen Anfang genommen. Heute ist es ein internationales Gemeinde- und Missionswerk mit einem theologischen Seminar im Zentrum, das seine Kreise zieht: in rund 200 Gemeinden vornehmlich in der Schweiz und in Deutschland, aber auch in Frankreich, Luxemburg und im südlichen Afrika.

Alte Wallfahrtskirche erwacht zu neuem geistlichen Leben

Stufe um Stufe steigt Markus Müller die Holztreppe im Turm der Chrischona-Kirche hinauf. Der Direktor erzählt von der Legende der heiligen Christina (ergibt später Chrischona) aus dem 10. Jahrhundert, der zufolge ein Lasttier, das ihren Leichnam trug, mit einem Halt an dem Standort der jetzigen Kirche ihre Grabstätte festgelegt – und so dem Ort, dessen Errichtung bis ins 7. Jahrhundert zurückreicht, seinen Namen verliehen habe. Schon bevor es der Pilgermission als Heimat diente, hatte der umtriebige Verwaltungsangestellte und Sekretär der »Deutschen Christentumsgesellschaft«, *Christian Friedrich Spittler,* ab 1827 junge Handwerker nach Österreich, Frankreich und Belgien gesandt: *»Sucht mit treuer Arbeit auf eurem Handwerk einzudringen in die finsteren Orte der Christenheit, und tut, was ihr könnt, um den erloschenen Glauben an Jesus Christus wieder unter dem Volk zu erwecken.«* Wie bei Pilgern – »einfach, also pilgermäßig, und missionarisch« – soll die Arbeit getan werden. Längere Zeit fehlt dieser neuen Bewegung ein Zuhause, bis Spittler 1839 bei der Basler Regierung den Antrag stellt, die zerfallene Kirche für die Pilgermission nutzen zu dürfen.

Für fünf Franken Jahresmiete stimmen die Basler Regierenden zu und Spittler weiht die Kirche am 8. März 1840 neu »für den Dienst des Herrn«. Seine Pflegetochter Susette beschreibt den historischen Tag, der mit der Wanderung auf den Berg beginnt: *»Von da an galt es immer mehr zu steigen, bis nach einem halbstündigen Marsch die alte halb zerfallene St. Chrischona-Kirche auf der Hochfläche des Berges erreicht war. Unsere Pilger hatten die herrliche Aussicht, die sich dem Wanderer von jener Höhe darbietet, schon oft genossen, und manches Gebet war dann aus ihrem Herzen aufgestiegen, dass der Herr hier wieder einen Ort des Segens bereiten wolle zum Lobe seiner Gnade. Und nun hatte der Herr angefangen, diese Bitten zu erhören …«*

Im Blick: Schweiz, Frankreich, Deutschland

Spittler lebt mit seinen Schützlingen, die ab 1840 einen systematischen theologischen Unterricht erhalten, zunächst im Dachgeschoss des Kirchturms. »Unzumutbar!«, finden die städtischen Behörden – und als die Zahl der Brüder 1860 auf 41 ständige Bewohner angewachsen ist, wird ein Neubau unumgänglich. Zum 25-jährigen Bestehen 1865 bereiten sich bereits 64 Brüder auf ihre Missionsarbeit im In- und Ausland vor. Praktisch von Beginn an denkt und arbeitet man auf dem Berg international.

Der Blick aus dem Kirchturm ist deswegen für Markus Müller bis heute etwas Zentrales. Eine Stelle, an der man außer in dem Gott geweihten Kirchenschiff »gewesen sein muss, wenn man Chrischona verstehen will«. Genau im Dreiländereck postiert, kann man hier oben weit sehen: bis zum Großen Feldberg in Deutschland, über die landwirtschaftlichen Felder zum Fernsehturm (dem höchsten Gebäude in der Schweiz), und mit Aussicht auf große Chemieanlagen in Richtung Frankreich – für Müller lauter Sinnbilder des weit gespannten Auftrags, den die Pilgermission seit Mitte des 19. Jahrhunderts angegangen ist.

Der zupackende Gründer Spittler – berühmt sein Zitat: *»Was hilft's, wenn wir beim warmen Ofen und einer Pfeife Tabak die Notstände der Zeit bejammern? Hand anlegen müssen wir, und sei es auch ganz im Kleinen«* – leitet die Pilgermission bis zu seinem Tod 1867. Als sein Nachfolger wird *Carl Heinrich Rappard* berufen. Der 30-Jährige, der erst vor drei Jahren die Ausbildung auf dem Berg absolviert hat, muss gleich eine harte finanzielle Nuss knacken: Auf 73 500 Franken belaufen sich die durch die rasant gewachsenen Aufgaben und notwendigen Bauten entstandenen Schulden bei seinem Amtsantritt. Mit einem soliden Sparkurs und einer wachsenden Studierenden- und damit Freundeszahl, die mit ihren Spenden das Werk unterstützen, gelingt ihm die Entschuldung – unterstützt durch seine Frau Dora, die später nicht nur als Liederdichterin und Schriftstellerin bekannt werden soll, sondern über Jahre als Schatzmeisterin die Finanzen des Berges verwaltet.

»... dass die Christen keine Heiden werden«

Mehr als 40 Jahre, bis 1909, leitet Carl Heinrich Rappard die Geschicke der Pilgermission. Und er gibt dem Werk eine entscheidende neue Prägung: Selber von ganzem Herzen Evangelist, setzt er sehr bald vor allem auf die Ausbildung von Hauptamtlichen. Nicht mehr länger Handwerker, die »nebenher« ihre Mitmenschen missionieren, sondern hauptamtliche Prediger, Seelsorger oder Missionare werden fortan auf St. Chrischona theologisch geschult. Rappard folgt darin durchaus dem Denken Spittlers, der einst gemahnt hatte: *»Wenn wir dafür sorgen, dass die Heiden Christen werden, so dürfen wir nicht versäumen, auch darauf bedacht zu sein, dass die Christen keine Heiden werden.«*

Dieser geistlichen Vision der »Väter« folgend, »Hauptamtliche zu schulen und zu senden« (Markus Müller), zieht die Arbeit von ihrem zentralen Ort aus konzentrische Kreise: Unter den Christen Westeuropas ist ein neuer Eifer für die innere und äußere Mission erwacht. Mit dem Dienst der »Gemeinschaftspflege und Evangelisation« entstehen vom Berg aus nach und nach Chrischona-Gemeinschaften in der Schweiz (ab 1869), in Deutschland (ab 1875), in Frankreich (seit 1913 der Pilgermission angeschlossen) und in Südafrika (seit 1966). Im Zuge wachsender diakonischer Aufgaben wird 1925 das Diakonissen-Mutterhaus gegründet. Weil evangelistische Literatur von Beginn an zu einem wichtigen Standbein der Pilgermission gehört, wächst die Literaturarbeit rasch; heute wird sie durch den Brunnen-Verlag Basel und Gießen und 31 Buchhandlungen in der Schweiz und Deutschland wahrgenommen.

Mit den stetig wachsenden Aufgaben wächst auch das Anwesen auf St. Chrischona: Dem ersten Brüderhaus von 1860 folgen Um- und Neubauten: das »Kirchheim« und die »Alte Heimat« (1860er-Jahre), die »Pilgerhütte« und das »Haus zu den Bergen« (späte 1890er-Jahre). Dieses Haus trägt dem zunehmenden Wunsch der Chrischona-Freunde Rechnung, in einer Kurzbibelschulausbildung für eine effektivere Mitarbeit in den Gemeinden ausgerüstet zu werden. Auch Gäste finden in den 28 Zimmern vornehmlich in den Sommermonaten Unterkunft, sodass schon der Jahresbericht 1901 vermelden konnte, das Haus sei »bis auf den letzten Platz« gefüllt gewesen. Sämtliche nötigen Gelder werden über die Jahrzehnte durch größere und kleinere Spenden aufgebracht.

Finanzlöcher und Studienflaute

Zwei größere Neubauten erlebt der Glaubensort St. Chrischona im 20. Jahrhundert: Nach zwei Bränden im Jahr 1922 und aufgrund stark steigender Studierendenzahlen in der zweiten Hälfte der 20er-Jahre beschließt das Chrischona-Leitungskomitee 1927 die Errichtung eines neuen Brüderhauses, das im Mai 1929 eingeweiht wird und trotz der Bausumme von 663 000 Franken noch im selben Jahr fast schuldenfrei und mit 120 »Brüdern« bis unters Dach voll belegt ist.

Das modernste und mit 28 Millionen Franken teuerste Gebäude auf dem Berg entsteht 1991: das Chrischona-Tagungszentrum, neue Lehr-, Wohn- und Konferenzstätte zugleich, mit Platz für bis zu 2 000 Besucher, großer Bibliothek, Video- und anderen Medienräumen – und durch das nachfolgende Finanzloch eine wirtschaftlich gravierende Hypothek für die Zukunft.

In den mehr als anderthalb Jahrhunderten ist dies aber beileibe nicht das erste (Finanz-)Problem. Insbesondere die beiden Weltkriege reißen schmerzliche Lücken: Im Jahr 1915 studieren weniger als 20, 1943/44 nur 16 Schüler auf St. Chrischona.

Apropos »Brüder«: Zwar wird schon 1909 auf dem Berg auch eine Bibelschule für Frauen eingerichtet, die parallel zu den Männern auf den Dienst in der inneren und äußeren Mission vorbereitet. Aber zwischen den getrennten Frauen- und Männer-Gebäuden gibt es so etwas »wie eine unsichtbare Mauer«, erzählt Markus Müller. Erst in einer umfassenden Studienreform im Jahr 1994 wird die getrennte Ausbildung im »Theologischen Seminar St. Chrischona« (TSC) zusammengefasst. Seit 1968 gehört zudem eine in drei Kursen fest eingerichtete dreimonatige Kurzbibelschule zum Chrischona-Angebot; seit 1998 soll ein biblischer Jahreskurs zum persönlichen Bibelstudium und ehrenamtlichen Gemeindedienst helfen.

Die »Chrischona-Väter« – und die »Mutter«

In der inhaltlichen Ausrichtung zeigt sich auf St. Chrischona eine bemerkenswerte Kontinuität: Der 52-jährige Markus Müller ist in den knapp 170 Jahren Pilgermission erst der siebte Direktor (siehe Kasten) und seit Spittler der erste, der kein Chrischona-Absolvent ist. Jetzt steht er in der Eingangshalle des Brüderhauses und weist auf die Wand-Gemälde über den Türen: »Der Stil muss nicht gefallen«, lächelt er, aber in diesen Werken eines Studenten aus dem Baujahr 1929 werde neben der Kirche deutlich, was Chrischona wolle. Das erste zeigt einen über die Bibel gebeugten Menschen, über dem ein strahlendes Licht von einem am Kreuz gebundenen Lamm ausgeht; Mose und Johannes sitzen zur Linken und Rechten des Kreuzes. Das Gemälde an der Wand gegenüber zeigt Arbeiter auf dem Erntefeld – darunter das Schriftband: Die Ernte ist groß, aber es sind wenige Arbeiter. »Das ist es, was ich mir auch für die Zukunft wünsche: Chrischona als zupackendes, verheißungsorientiertes Werk«, erklärt Müller, der erst vor wenigen Jahren, mitten in einer ernsten finanziellen Krise des Werkes berufen wurde. Der vierfache Familienvater hat Heilpädagogik studiert und drei Jahre am Max-Planck-Institut für Psychiatrie in München gearbeitet. Zwölf Jahre war er hauptamtlich im CVJM München aktiv, der für seine Offenheit auch gegenüber charismatischen Impulsen bekannt ist. 1999 kam er als Dozent nach Chrischona. Sein Hauptauftrag damals: Aufbau und Leitung des Fachbereichs Diakonie.

Neben der »Väter«-Schar auf Chrischona ragt eine Frau in der Werksgeschichte heraus. Es ist die vielfach so apostrophierte »Chrischona-Mutter«: Dora Rappard, die nicht nur von Markus Müller als »herausragende Lehrfigur« bezeichnet wird. Zahllose Lieder und Gedichte stammen von ihr (»Oh du Lamm Gottes«, »Dass Jesus siegt«, »Herr, segne uns und behüte uns«). Mit ihrem Mann betrieb sie ein konsequentes Finanzmanagement, aber Müller hebt auch andere Charaktereigenschaften hervor: »ihre Selbstvergessenheit, Verfügbarkeit, unbekümmerte Dienerschaft und ihr Brennen für andere Menschen«, die das gemeinsame Leben auf dem Berg in den 41 Dienstjahren wesentlich mitgeprägt haben – sie waren »Vater

Von Veiel bis Albietz
Die Chrischona-Direktoren zwischen Rappard und Müller

Friedrich Veiel (1866 - 1950)
Schwiegersohn Rappards, Direktor von 1909 bis 1946; Finanzknappheit und Studentenmangel in den Kriegs-Jahren.
Hans Staub (1898 - 1967)
Direktor von 1947 bis 1967; ruft 1950 die Heiligungskonferenz (ab 1994 »Konferenz für geistliche Erneuerung«) ins Leben; fördert das Thema »Gebet«.
Edgar Schmid (* 1922)
Direktor von 1967 bis 1991; Arbeitsziele v.a. Evangelisation und Gemeinschaftspflege; zeitweise 190 Schüler.
Karl Albietz (* 1942)
Direktor von 1991 bis 2001; fördert das Thema »Gemeindebau«; das Werk erhält eine neue rechtliche Struktur mit einer stärkeren Eigenverantwortlichkeit der einzelnen Zweige.

und Mutter für erwachsene Menschen«, beklagt Müller einen Nachholbedarf. Bis heute kam nach der prägenden Mutter-Figur Dora Rappard niemand mehr, der diese Statur erreichte. Der heutige Chrischona-Direktor sieht auch deswegen »Defizite in der Frage des versöhnten Miteinanders von Mann und Frau«: Es sei sehr oft »nicht richtig geklärt: was ist der Dienst des Mannes, was der Dienst der Frau – *und was der Dienst ihres Miteinanders*, auch des Miteinanders von einzelnen unverheirateten Hauptamtlichen in der Gemeinde?«

Alltag auf Chrischona: Gemeinschaft erleben

Die Hauptamtlichen von morgen werden allmorgendlich um halb acht von dem Kirchturmglöckchen zur Andacht zusammengerufen. Alle 145 Studierenden treffen sich mit den rund 25 Vollzeitmitarbeitern in der Kirche, singen, beten, bedenken im täglichen Wechsel zwischen Seminaristen und Dozenten einen Bibeltext, bevor die Lern und Lebensgemeinschaft sich still und schnell auf dem Berg zerstreut.

Ungefähr 6 000 Männer und Frauen haben in den vergangenen 167 Jahren die heute fünfjährige Ausbildung durchlaufen. In jüngsten Jahren haben sich die Bedingungen durch das moderne Tagungszentrum weiter verbessert. Die Bibliothek mit einem Bestand von rund 60 000 Bänden ist gut bestückt, Laptop und Computerzugriff auf den Buchbestand gehören zum täglichen Handwerkszeug.

Weil aber zu viel Studieren allein nach dem Prediger Salomo nur den Leib müde machen würde, zählen auch andere Aspekte: Die Studierenden von heute heben »die tief gehende Gemeinschaft auf dem Berg« hervor und wünschen sich, dass »Chrischona immer mehr ein Ort wird, an dem die persönliche Spiritualität die Studiengemeinschaft prägt und eine gute geistliche Lehre über Glauben im Alltag Raum hat«. Für entscheidend halten sie nicht nur, »dass man viele Gemeindeaufbaukonzepte kennt«: »Das Wichtigste ist die Jesus-Beziehung, das tiefe Verwurzeltsein in ihm.«

Heiligungskonferenz für die Flachwurzler

Was die Studierenden sagen, deckt sich mit Markus Müllers Einschätzung, etwa in der Bedeutung der seit 1950 bestehenden »Heiligungskonferenz«. Die heutige »Konferenz für geistliche Erneuerung« trägt der Erkenntnis Rechnung, dass das »Christsein an einer Oberflächlichkeit leidet«, wie Müller es ausdrückt: Es gibt »zu viele Flachwurzler«. Aus diesem Grund will die Konferenz bis heute »Glauben mit Tiefgang vermitteln«.

Fragt man, welche Impulse von dem Glaubensort Chrischona ausgehen sollen, antwortet Müller folgerichtig: »Ich wäre dankbar, wenn man in zehn, fünfzehn Jahren sagen würde: Von Chrischona gingen Liebe zu Jesus und zum Wort Gottes, Dienerschaft und Versöhnung (auch in der Gesellschaft) aus, gelebte Werte und eine Verfügbarkeit im geistlichen Dienst.« Chrischona-Absolventen sollten

»als dienende Menschen« an ihre Aufgaben herangehen. Und weil diese international zusammengesetzt seien und Chrischona »weder landes- noch freikirchlich« sei, gebe es große Chancen, im Miteinander eine »versöhnte Gegensätzlichkeit« im künftigen Europa vorzuleben.

Das allerdings wurde in jüngsten Jahren durch die Finanzkrise stark beeinträchtigt. Aber Müller sagt: »Wir hatten im Tiefsten kein strukturelles und finanzielles Defizit, sondern ein Vertrauensproblem. Was wir wieder richtig lernen mussten: Wir haben einen Auftrag – und der ist wichtiger als das persönliche Wohlbefinden.«

Um den Auftrag, die geistliche Identität wieder neu und klarer in den Blick zu fassen, hat Müller bald nach seiner Berufung eine kompakte »Werksphilosophie« erarbeitet, die in den zurückliegenden Jahren durchdekliniert worden ist.

Und noch etwas möchte der Chrischona-Direktor mit Blick auf die Zukunft wieder mehr etablieren: eine neue Gastfreundschaft. Christen sollen den Ort im Dreiländereck als echtes »Mutter«-Haus empfinden, wo sie »Heimat und Ruhe, Konzentration auf das Wesentliche und Orientierung« finden. »Das«, lächelt Müller, »gab es früher hier immer.«

Wandgemälde im Brüderhaus

Gäste- und Konferenzzentrum St. Chrischona

Chrischonarain 200
CH-4126 Bettingen
Tel. +41 (0) 61/64 64-2 70
Fax +41 (0) 61/64 64-2 77
E-Mail: reception@chrischona.ch; www.chrischona.org
Wichtigste Konferenzen: Konferenz für geistliche Erneuerung; Strategie- und Schulungskonferenz; Seniorentag.
120 Betten (Doppelzimmer) sowie weitere 240 Betten (in Massenlagern).

Gemeinschaft der ständigen Baustellen

Der Christus-Treff in Marburg

Donnerstagsgottesdienst des CT in der Lutherischen Pfarrkirche

Der grüne Filzstift fliegt über das Papier. Schnell hingeworfene Striche und Kreise. Das Organigramm gibt einen guten Überblick über die Struktur des Organismus »Christus-Treff« (CT) in Marburg, der zu Beginn der 1980er-Jahre aus einem kleinen Studenten-Hauskreis unter Leitung von Roland Werner entstanden ist.

Wer sich mit dem CT beschäftigt, beobachtet ein »work in progress«: eine lebendige Gemeinschaft, die ihre Arbeit treibt, sich aber ständig entwickelt und immer irgendwo tatsächliche oder Gemeinschaftsbaustellen unterhält.

In Fakten ausgedrückt, sieht die Arbeit des CT heute so aus: Vier Häuser und Treffpunkte bilden die dicken Knoten des Marburger CT-Netzes, zahlreiche Wohngemeinschaften die engen Maschen. In fünf verschiedenen regelmäßigen Gottesdiensten besuchen jeden Monat ungefähr 1 000 verschiedene Gäste den CT. Daneben treffen sich etwa 300 »CTler« über die Stadt verteilt in 27 Hauskreisen.

Mehr als 200 ehrenamtliche Mitarbeiter engagieren sich in rund 20 Arbeitsbereichen. Und Woche für Woche organisieren CT-Mitarbeiter ein breit gefächertes Angebot für 200 Kinder aller Altersklassen.

Der Name »Christus-Treff« ist weit über die Universitätsstadt hinaus zu einem Markenzeichen geworden (auch wenn nicht überall CT draufsteht). Seit dem »Christival« 1996 leitet Roland Werner dieses jugendmissionarische Festival. Eine Reihe CT-Mitarbeiter waren (und sind) hier im Einsatz. In christlichen Magazinen setzen CT-Mitarbeiter regelmäßig geistliche Impulse. Und seit 1993 lebt und arbeitet ein wechselndes Team des Christus-Treffs international im Hospiz des Deutschen Johanniter-Ordens in der Altstadt von Jerusalem.

Impulse von Bruderschaften und Anglikanern

Was heute weitverzweigt ist, hat begonnen wie viele Studentengruppen damals: Seit Frühjahr 1981 trafen sich der Theologie- und Sprachenstudent Roland Werner mit seiner Verlobten Elke, Georg Pflüger, Pädagogikstudent, seine heutige Ehefrau Margit und eine Handvoll anderer Studenten zu einem Hauskreis mit Abendmahl. Im Gegensatz zu zahlreichen politisch-sektiererischen Vereinigungen jener Unizeit lebte die neue Gruppe von Beginn an aus einem starken geistlichen Impetus: Pflüger, der als Zivi bei der »Christusträger«-Bruderschaft das kommunitäre Leben schätzen gelernt hat, sagt: »Wir wollen gemeinsam Jesus nachfolgen und gucken, was er mit uns vorhat.« Die junge Gemeinschaft lebt aus dem Verständnis, dass »der Segen Gottes darauf liegt, wenn Christen wahrhaft Gemeinschaft miteinander pflegen, ehrliche Beziehungen bauen und gemeinsam hören: Was hat Gott vor?«

Die Grundlagen dafür werden zwischen Werner und Pflüger schon 1980 bei einem Besuch Georgs in Marburg gelegt. »Bei diesem Besuch haben wir einen Abend zusammen gebetet«, berichtet Roland, »und wir hatten beide den Eindruck: Hier redet jetzt Gott – und sagt uns, wir sollen was zusammen machen!« Für Roland eindeutig: »Das war für mich innerlich der Gründungspunkt unserer

Gemeinschaft.« Und so entsteht ab 1981 nicht nur der Christus-Treff (der erst 1982 so heißt) mit 14-tägigen Hausgottesdiensten, sondern parallel ab 1983 auch die kommunitätsähnliche »Jesus-Gemeinschaft« (JG) mit heute 25 Erwachsenen.

Ergänzend bekommt Werner in diesen Jahren auf Reisen in England wichtige Impulse aus erneuerten anglikanischen Gemeinden. Hier erlebt er altehrwürdige *volle* Kirchen und begreift das »Erfolgsrezept«: Die Verantwortlichen »vereinigten traditionelle Gottesdienstelemente mit einer charismatischen Offenheit, wie sie damals beispielsweise schon im Lobpreis zum Ausdruck kam, und einer klaren evangelistischen Verkündigung mit kreativen Elementen«. Kurz darauf, erinnert Werner sich, »bin ich durch Marburg gelaufen und habe gebetet, dass Gott uns eine Kirche voll mit Theologie- und anderen Studenten schenkt«.

»Quo vadis«: »Wohnzimmer« und Schaufenster

Zunächst aber eröffnet die Gemeinschaft ab Mai 1984 in einem leer stehenden Geschäft in der Marburger Oberstadt den »Regenbogen«-Buchladen. Für Pflüger ein »Meilenstein«. Denn nun sind sie zentral in der Kernstadt. »Uns ging es nicht darum, Geld zu verdienen, sondern darum, eine Anlaufstelle zu haben«, erzählt Elke Werner, damals arbeitslose Lehrerin. Überhaupt, meint sie, »hat unsere Glaubensgeschichte immer auch mit den Häusern zu tun«. Dass die JGler alle Finanzmittel zusammenkratzen, dennoch vor Eröffnung des Ladens nur auf 80 Prozent der Grundmiete kommen und trotzdem den Zuschlag des Vermieters erhalten, ist »ein echtes Wunder«.

Über Jahre wird der »Regenbogen« zum »Wohnzimmer« des CT. Weil viele der Studentenbuden klein sind, trifft man sich hier, wo nach verhauenen Prüfungen getrauert oder nach Trauungen gefeiert wird.

Seit 1999 ist der Buchladen – jetzt unter dem Namen »Quo vadis« – ein paar hundert Meter weitergezogen. Die Sessel sind gemütlich, es gibt Kaffee, Wasser und Kekse. Im Hintergrund läuft Worship-Musik auf CD. Das Sortiment umfasst vor allem christliche Literatur und Musik. Es ist immer noch ein Zuschussgeschäft. Aber der CT will sein »Schaufenster in die Stadt« aufrechterhalten. 70 Prozent der Kunden sind Christen; besonders zu Semesterbeginn nutzen aber auch viele andere die Infowand im Laden, erzählt Eva Gierse. Sie ist die Hauptverantwortliche – und hat eine ganz eigene Geschichte mit dem »Regenbogen«: »Ich bin durch den Buchladen zum Glauben gekommen.« Als sie dort Anfang 1986 eine Schallplatte für ihre Mutter bestellt, wird ihr eine Einladung zum Gottesdienst in die Hand gedrückt. Einige Zeit später steckt sie in einer persönlichen Krise, besucht tatsächlich den Gottesdienst, hat sofort den Eindruck: »Hier bin ich richtig!« und bekehrt sich kurz darauf.

Gottesdienste: »Herzstück« des CT

Bei den Gottesdiensten beginnt sich Roland Werners Gebet zu erfüllen: Nach und nach werden schon im Herbst 1988 alle Versammlungsräume zu klein; und der CT-Gottesdienst gastiert seither in der Lutherischen Pfarrkirche ein Stück unterhalb des markanten Marburger Schlosses. Ende der 80er kommen jeden Donnerstag rund 200 Leute.

Heute lenkt Werner den Wagen durch die engen Gassen der Marburger Oberstadt zur alten gotischen Pfarrkirche. Der Donnerstags-Gottesdienst ist immer noch ein »Herzstück« des CT. Regelmäßig strömen bis zu 450 meist junge Erwachsene in die Kirche. Was in vielen Gemeinden landauf, landab erst in jüngeren Jahren Alltag geworden ist, hat hier schon eine 20-jährige Tradition. Lobpreis, eine flotte Talkshow-Parodie, ein kurzer Bericht, dann die Predigt über Vergebung »im Schatten des Kreuzes«. Ein zweiter Lobpreis-Block, in den biblische Worte und Gebete eingeflochten sind, setzt den Schlusspunkt hinter den Gottesdienst.

Die Lobpreiszeiten spielen eine wichtige Rolle. 89 Prozent der Donnerstagsbesucher kommen wegen der Predigt und 91 Prozent wegen der Anbetungszeit, erzählt der Worship-Leiter Christian Bachmann. Obwohl es kühl ist in der großen Kirche, stehen anschließend noch Hunderte Gottesdienst-Besucher beisammen.

Johanniter-Hospiz: Haus der Begegnung in Jerusalem

An einem Abend sind Steffi und Guido Baltes umlagert, geben Auskunft über das Leben in Jerusalem. Das Theologenpaar arbeitet seit Sommer 2003 als Herbergseltern im Johanniter-Hospiz. Günter Oertel, seinerzeit Prior der freundschaftlich mit dem CT verbundenen »Jesus-Bruderschaft« in Gnadenthal, hat 1992 auf die zu Ende gehende Arbeit im Hospiz des Deutschen Johanniter-Ordens hingewiesen.

Seit 1993 lebt und arbeitet nun in wechselnder Besetzung ein kleines CT-Team in dem Haus in der Altstadt, das an der offiziellen 8. Station der Via Dolorosa gelegen ist: »da, wo es aus dem Stadttor zum Golgatha-Hügel hinausgeht«, beschreibt Guido Baltes. In vier kleinen Zimmern können zehn Gäste beherbergt werden. Als von Deutschen betreutes Haus dient es neben einer Reihe internationaler Besucher vor allem als Anlaufstelle für deutsche Gäste. Guido Baltes: »Die Bandbreite reicht von ›Erzpietisten‹ über Hochkatholische bis zu ›wilden‹ Charismatikern.« Und die müssen sich am kleinen Tisch bei den Mahlzeiten zusammenraufen, sich auseinandersetzen mit jüdischen, judenchristlichen oder arabischen Denkweisen und Standpunkten. »In Europa entfernen wir uns langsam von den jüdisch-christlichen Wurzeln«, meint Steffi Baltes, »in Jerusalem sind wir mittendrin.«

Der Hauptakzent der CT-Arbeit liegt darauf, als Gemeinschaft vor Ort ein offenes Haus der Begegnung zu stiften. Daneben stehen Offene Abende, Angebote für Kindergruppen und Feste auf dem Programm. Vor allem aber bauen Steffi und Guido Baltes und ihr Team Beziehungen auf zu anderen Gemeinden und Gruppen – gleich ob es die evangelische Erlöserkirche ist, messianische Gemeinden oder Gemeinden aus dem Kreis der »Evangelischen Allianz« in Israel (UCCI).

»Alle Welt kommt nach Jerusalem und man kann leicht über Religion und Glauben sprechen«, umreißt Guido Baltes den Horizont der Arbeit. Allerdings: »Jeder will bei seiner Religion bleiben.«

Löwenburg und Kurhotel

Noch älter als das Hospiz in Jerusalem, das seit dem 19. Jahrhundert als Pilgerstätte für deutsche Handwerksburschen diente, ist die im 13. Jahrhundert erbaute »Löwenburg« in Marburg. Die Jesus-Gemeinschaft kauft das Haus Steinweg 12 anno 1990. Sie braucht zu dem Zeitpunkt dringend weitere Versammlungsräume und auch Wohnungen für die stetig wachsende CT-Familie. Angesichts der hohen Kosten ein weiterer Vertrauensschritt. Elke Werner sieht ein geistliches Prinzip darin: »Wir gehen immer einen Schritt weiter als wir vorher gegangen sind. Aber wären wir den vorherigen nicht gegangen, würden wir den neuen Schritt auch nicht tun.« Zwar überschlägt die Gemeinschaft jedes Mal die Kosten, »aber menschlich betrachtet, haben wir nie 100 Prozent Sicherheit. Gott möchte offenbar, dass wir von ihm abhängig bleiben.«

Dem Haus im Steinweg merkt man sein Alter an. Die Holzstufen sind ausgetreten, die Teppichböden auf der Treppe abgewetzt. Anfang der 90er-Jahre wurden in den Obergeschossen vier Wohnungen, Gästezimmer, eine kleine Kapelle und im Erdgeschoss zwei größere Versammlungsräume ausgebaut, die ein paar Jahre später wieder zurückgebaut wurden zu Büros.

Das (geistliche) Leben im Haus pulsiert. Regelmäßig sitzt die bunte, durch Praktikanten häufig international zusammengesetzte Gemeinschaft derer, die im Haus wohnen und arbeiten, um den Mittagstisch, tauscht sich aus und betet füreinander.

Die Versammlungsräume im Steinweg können nach 1994 umgebaut werden, weil der CT in diesem Jahr »wieder ein Riesending« (Elke Werner) übernommen hat: Ein ehemaliges Kurhotel im Marburger Ortenberg-Viertel, das kurz darauf in »ChristHaus« umbenannt worden ist. Die Gemeinschaft bietet hier Gottesdienste und andere Veranstaltungen an für Familien, Kinder, Teenager und internationale Gäste. Sonntags ist am meisten los, aber auch von montags bis samstags tummeln sich im ChristHaus die unterschiedlichsten Gruppen. »Irgendeine Gruppe ist immer hier«, sagt Annette Ashoff, Vorsitzende der Jesus-Gemeinschaft und Bewohnerin einer der 14 neu entstandenen Wohnungen. Rund 40 Personen, Alleinstehende und Familien, umfasst die Hausgemeinschaft.

Aufgeblüht ist in den vergangenen Jahren der Internationale Gottesdienst im ChristHaus am Sonntagabend, bei dem regelmäßig 70 bis 100 Leute gezählt werden; zumeist Studierende aus England, afrikanischen Staaten oder den USA; Christen, die hier eine Heimat in der Fremde suchen.

Neben den Veranstaltungen gibt es jede Menge handfeste Arbeit. Denn vor dem Verkauf hat das ChristHaus lange leer gestanden, »es war alles kaputt«, berichtet Elke Werner. Das Gebäude ist verwinkelt, alt, vielfach unansehnlich. Darum hat die Gemeinschaft das Projekt »Denkmal« ins Leben gerufen. Das unter Denkmalschutz stehende Haus ist jüngst umgebaut und saniert worden. »Raum zur Begegnung« ist entstanden, getragen weitgehend von Spenden.

Wieder wird das Vertrauensprinzip sichtbar, nach dem die JG bislang alle Häuser gekauft hat. Den Kaufvertrag für das ChristHaus, dessen Summe – obschon kräftig gedrückt – bei drei Millionen D-Mark lag, hat die Gemeinschaft bei einem aktiven Kontostand von 260 Mark unterschrieben ... Das alles ging während der bislang 25 CT-Jahre auch deshalb gut, weil neben den Spenden aus einem großen Freundeskreis viele CTler einer normalen Erwerbsarbeit nachgehen, für die Wohnungen ortsübliche Mieten bezahlen und etwa Honorare von Roland Werner in einen großen CT-Geldtopf wandern.

Kommunität zwischen Jugendbewegung und Gemeinde

»Viele fragen uns: ›Was seid ihr eigentlich?‹«, bündelt Roland Werner allgemeine Fragezeichen. Die Antwort gibt er gleich selber: »Wir sind eine eigenwillige Mischform zwischen kommunitätsähnlichem Netzwerk, missionarischer Jugendbewegung und werdender Gemeinde.«

Die 25 Köpfe umfassende Jesus-Gemeinschaft unter der Leitung von Roland Werner hat sich lebenslang auf diese Gemeinschaft und damit darauf verpflichtet, einander zu stützen, zu korrigieren und nach Kräften die aktive Arbeit des CT zu tragen. Es gibt wöchentliche Treffen – mit Gebets- und Austauschrunden – und zwei Retraiten im Jahr.

Die missionarische Schiene läuft über den eigenständigen CT-Arbeitszweig »Friends« (mit eigenem Spender-Freundeskreis), der vor neun Jahren entstanden ist, um Roland Werner stärker freizustellen für Jugendtreffen, Evangelisationen und größere Aufgaben wie das »Christival«. Im Zusammenspiel und inspiriert von der lokalen Jugendarbeit des CT um Andreas »Frixe« Frick, sind die Mitarbeiter viel auf Reisen, predigen, gestalten Mitarbeiterschulungen, sind aktiv bei Jugend-Events und permanent dabei, neue Ansätze der Jugendevangelisation zu entwickeln. »Denn die Bedeutung von Methoden und Formen nimmt immer mehr ab, und die Verknüpfung, wie man den Glauben im Alltag leben kann, gewinnt an Bedeutung«, ist Frixe überzeugt. »Friends«-Mitarbeiter Gofi Müller sieht darin »die größte Herausforderung und auch Chance«: wenn Gemeinden und Werke »sich trauen, dem Heiligen Geist zu überlassen, was er machen will«.

Als reine Studentenbewegung gestartet, ist der CT nach 25 Jahren fest verwurzelt in der Stadt. Anfangs kritisch beäugt von Landeskirchen und pietistischen Werken und »unter Generalverdacht des Charismatischen und Sektiererischen« (Roland Werner), ist die Gemeinschaft inzwischen fest etabliert, organisierte »Weltmissionstage« oder einen »Bibelparcours« (2003) mit 300 Mitarbeitern aus 16 Gemeinden, der in 14 Tagen mehr als 15 000 Besucher anzog.

Auch haben viele CTler inzwischen selber Familien gegründet und darüber zahlreiche Beziehungen zu anderen Familien geknüpft. Folge: Die sonntäglichen Familiengottesdienste mit mehr als 200 Erwachsenen und 120 Kindern sind schon wieder überfüllt.

In jüngsten Jahren ist zudem eine intensive Kinder- und Stadtteilarbeit gewachsen. Alle vier Wochen holen CT-Mitarbeiter mit einem eigens dafür von der Stadt zur Verfügung gestellten Bus Kinder aus sozialen Brennpunktvierteln zu einem Extragottesdienst mit anschließendem Mittagessen ab. Außerdem bieten sie wöchentlich in einem der Viertel, auf dem Richtsberg, ein Teenagerprogramm an.

In der Stadt hat der CT auch durch diese Aktivitäten einen sehr guten Ruf. Allerdings weist Roland Werner das Sonderlob zurück: »Marburg hat eine starke geistliche Geschichte, angefangen bei Elisabeth von Thüringen. Und heute darf man den CT nicht getrennt von der Arbeit des Deutschen Gemeinschafts-Diakonieverbands oder der SMD sehen. Was hier über viele Jahre an Gebetspower nach oben gestiegen ist, davon dürfen wir heute ein bisschen Segen einstreichen ...«

Grenzgänger und Integrationsfigur

Gerafft umreißt Werner die Aufgabe des CT so: »Wir bauen und gestalten Orte der Gemeinschaft, damit Menschen etwas von der Realität Gottes mitten in unserer Zeit und in unserem Alltag erleben können.« Zeit seines bisherigen Lebens ist er Grenzgänger gewesen: zwischen Landeskirche und freier christlicher Bewegung, zwischen Pietisten und Charismatikern. Er hat Sprachwissenschaft und Theologie studiert und pendelt permanent zwischen Marburg, ganz Deutschland und der islamischen Welt, der seit Langem seine besondere Liebe gilt.

CT-Buchladen »Quo Vadis« in der Marburger Oberstadt

Auch aufgrund seiner geistlichen Neugier ist er zu einer Integrationsfigur der evangelikalen Bewegung geworden; und nebenbei der Akademiker mit Promotion in Afrikanistik und Theologie, den die meisten nur als »Roland« duzen. Derzeit hat er »ein volles Ja« zu der Aufgabe als CT-Leiter, »denn ich kann nicht leugnen, dass Gott hier etwas gemacht hat«.

Aber: »Ich will ganz gern noch mal aufbrechen. Ich träume davon, dass ich vielleicht in fünf oder sieben Jahren die Leitung hier abgeben und noch ein paar Jahre im Ausland arbeiten kann. Ich hoffe, es bleibt nicht nur ein Traum ...«

Christus-Treff – Jesus-Gemeinschaft – Friends

Steinweg 12, 35037 Marburg
Tel. 0 64 21/6 44 70
E-Mail: buero@jesus-gemeinschaft.de
Homepage Christus-Treff: www.christus-treff.org
(u. a. mit Predigten per MP3).
Christus-Treff Jerusalem
Tel. 00972-2-6264627; E-Mail: jerusalem@christus-treff.org

Ein Schloss für die Einheit

Die Begegnungsstätte Schloss Craheim in Unterfranken

Torbogen an der Schlosseinfahrt

Ein wenig unscheinbar hängt die schlichte Tafel rechts unter dem schmiedeeisernen Torbogen. Die Namen der vier Organisationen und Gemeinschaften dokumentieren die Geschichte dieses Ortes: Der »Ökumenische Dienst e.V.«, die »Lebensgemeinschaft für die Einheit der Christen«, die »Kommunität Jesu Weg« und die »Aufbaugemeinschaft Eine Kirche« sind hier oberhalb des unterfränkischen Städtchens Wetzhausen in aller Verschiedenartigkeit an konfessioneller Herkunft und geistlicher Prägung eine vielgestaltige Lebensgemeinschaft eingegangen. Ihren Kern bildet die *Begegnungsstätte Schloss Craheim*, Anfang der 1970er-Jahre eines der wichtigsten Zentren der charismatischen Bewegung in Deutschland.

Von USA nach Enkenbach

Ein paar Meter hinter der Einfahrt gabelt sich der Weg. Links gelangt der Besucher zur evangelisch geprägten Begegnungsstätte Schloss Craheim, die von der »Lebensgemeinschaft für die Einheit der Christen« getragen wird. Geradeaus liegt das Schwestern- und Exerzitienhaus der ökumenischen Schwesterngemeinschaft »Kommunität Jesu Weg«. Und rechts sieht man auf den katholischen »Franziskushof«. Die drei Werke mit ihren für Craheim prägenden Spiritualitäten (evangelisch, freikirchlich, katholisch) arbeiten selbstständig, wollen sich als Gemeinschaften auf einem geistlichen Weg aber gegenseitig ergänzen.

Als der junge Pfarrer *Arnold Bittlinger* 1963 zur Informationstagung ins pfälzische Enkenbach einlädt, ist noch nicht absehbar, dass nur ein paar Jahrzehnte später dieses Lebenszentrum auf eine derart lebendige Tradition zurückblicken kann. Vorausgegangen sind Kontakte der späteren Craheim-Gründer mit älteren Bruderschaften. Sie empfinden die »Zertrenntheit des Leibes Christi« als einen Skandal.

Die entscheidende Weichenstellung auf dem Weg zur Gründung Craheims ereignet sich, als Bittlinger bei einer USA-Studienreise 1962 auf lutherische Gemeinden mit urchristlichen neutestamentlich-charismatischen Elementen und Gemeindestrukturen trifft. Fasziniert lädt er nach seiner Rückkehr mehr als 25 Bruderschaften und Gemeinschaften nach Enkenbach ein. Hier sind bereits diejenigen zusammen, die später maßgeblich an der Gründung Craheims beteiligt sein werden: neben Bittlinger *Arthur Richter* vom *Marburger Kreis*, *Wilhard Becker* von der evangelistisch engagierten baptistischen *Rufer-Bewegung*, der Franziskanerpater *Eugen Mederlet*, der später in den »Franziskushof« einziehen wird; mit dabei auch Pastor *Siegfried Großmann*, heute Präsident des Bundes Evangelisch-Freikirchlicher Gemeinden, das Ehepaar Hanna und Walter Hümmer von der *Communität Christusbruderschaft Selbitz* oder der kalifornische Pastor *Larry Christenson*, der die Anfänge theologisch entscheidend mitgeprägt hat, und Mitglieder der *Jesus-Bruderschaft Gnadenthal*.

Über Jahre pflegen besonders die Führungspersönlichkeiten »sehr freundschaftliche Verbindungen«, berichtet Siegfried Eisenmann (62), Buchhändler und »lebendes Craheim-Lexikon«. Hier spielt auch der 1962 von dem evangelischen Theologen Dr. *Rainer-Friedemann Edel* gegründete »Ökumenische Dienst« (ÖD) hinein. In der ÖD-Präambel heißt es wegweisend: »Da es vor Gott *nur eine Kirche* gibt, wollen wir ...« Die Gründer verpflichten sich darin, voneinander zu lernen und einander zu dienen – ohne eine »Vermischung« oder gar die Bildung einer neuen Konfession. Jeder sollte bewusst lutherischer oder reformierter oder freikirchlicher oder katholischer Christ sein.

Im Schnelldurchlauf durchs Adelsschloss

Spätestens 1965 empfinden die Verantwortlichen ein »innerliches Näherrücken« an ein Zentrum für die Einheit. Oft fragt Bittlinger: »Kennt jemand ein Zentrum, in dem man im Alltag mit verschiedenen Gruppen, Bewegungen und Spiritualitäten ein gemeinsames Leben praktizieren kann?« Die Frage entscheidet sich auf einer Tagung des Marburger Kreises im Sommer 1968 bei ihrem Vorsitzenden Albrecht Fürst Castell-Castell: »Das Schloss des Barons Truchsess von Wetzhausen steht doch leer ...«, kommt einem aus der Runde in den Sinn.

Das Schloss Craheim, Anfang des 20. Jahrhunderts auf einer Anhöhe der Hassberge erbaut, stand seit 1967 leer und verursachte dem Baron hohe Kosten. Als Mitglied im Marburger Kreis, gut vertraut mit dem Fürsten Castell, wollte er einen neuen, einen christlichen, Schlossbetreiber.

Als nun eine Delegation des ÖD das Schloss im Schnelldurchlauf besichtigt und der Schlossherr nur die Eigenkosten an Miete verlangt, fällt die Entscheidung schnell: »Wenn alle Bewegungen mitmachen, müsste es gehen ...«

Es geht. Verträge werden geschlossen. Die Rufer-Bewegung zieht mit ihrer Zentrale von Hannover um, und bis November 1968 sind auch alle leitenden Persönlichkeiten, Becker, Großmann, Edel und Bittlinger mit ihren Familien eingezogen. Mit der jungen Jahresmannschaft der Rufer-Bewegung (darunter Siegfried Eisenmann) leben bis zu 40 Leute im Schloss. Dazu kommt der Franziskanerpater Eugen Mederlet, der mit seinen Mitbrüdern und -schwestern den Franziskushof bevölkert.

Im Sommer beginnt schon die jahrelange Aufbau- und Renovierungsphase im Schloss. Vor allem aber beginnt eine rege Experimentierphase geistlichen Lebens. Das Team in Craheim ist jung und euphorisch. Alle sind begierig voneinander zu lernen: Wie glauben, denken und leben die anderen? Ihre Vision ist klar umrissen: »Wir waren angetrieben von dem Wunsch und dem Glauben, die Einheit der Kirche(n) greifbar zu machen«, erzählt Eisenmann. Zum 25-jährigen Jubiläum 1993 hat Siegfried Großmann das Anliegen Craheims zusammengefasst: »Wir wollten in der Praxis des gemeinsamen Lebens und der Verschiedenheit aller Gruppen und Bewegungen das Priestertum aller Gläubigen verwirklichen.« Aus der täglichen Praxis der verschiedenen Frömmigkeitsformen soll das »Gesamtbild der Kirche Christi« zu erkennen sein.

Praktisch geschieht das mit gemeinsamen Andachten und über den Tag verteilten Gebetszeiten, in die auch katholische Stundengebete einbezogen sind. Verschiedenste Andachtsstile werden geübt, mit Stille und Hören, vielen Liedern, Gebeten, meditativen Andachten; in den Gottesdiensten mal im freien Stil oder in Form von lutherisch-deutschen Messen. Hinzu kommen Tagungen zu geistlich-theologischen Fragen, an denen immer mehr auch externe Gäste teilnehmen. Aus allen Himmelsrichtungen ziehen Christen in die Nähe Craheims. Es entstehen wöchentliche Treffen und Lehrveranstaltungen mit Schlossbewohnern und Gästen, über biblische Glaubensväter oder Heilige der Kirchengeschichte.

Vom Gemeinschaftsideal zur Lebensgemeinschaft

Trotz Aufbruchseuphorie zeichnen sich bald Schwierigkeiten ab. In den ersten drei bis fünf Jahren heißt das Ideal, »wirklich alles gemeinsam zu beschließen«, erinnert sich Eisenmann: »Jeden Dienstag gab es das große Treffen mit allen: Von der Farbe der Vorhänge im Franziskushof bis zur Tassenfarbe, der Auswahl der Heizungen und Tagungen haben wir alles gemeinsam beschlossen ...« Ein zentrales Büro koordiniert die Aufgaben.

Nicht ohne Probleme sind die Finanzfragen, denn keine der Bewegungen ist finanziell üppig ausgestattet.

Obendrein gewinnen über das gemeinsame Leben plötzlich wieder Fragen an Bedeutung, die anfangs gar nicht gestellt wurden: über das Abendmahlsverständnis etwa. So feiern evangelische und katholische »Craheimer« getrennt das Abendmahl.

Eine Zäsur markiert das Jahr 1975. Nach sieben Jahren sind fast alle Gründer von Craheim fortgezogen. In der Rückschau scheinen zwei Gründe ausschlaggebend dafür: Fünf starke Führungspersönlichkeiten in einer Gemeinschaft ohne hierarchische Strukturen, das musste auf Dauer ebenso eine Überforderung sein wie die Tatsache, dass die Leitungsfiguren Becker, Bittlinger, Edel, Großmann, Mederlet nicht nur der Arbeit im Lebenszentrum verpflichtet waren, sondern jeweils auch ihren Bewegungen – was zuvor schon bei den Finanzen zu Spannungen geführt hatte.

So steht die Craheimer Gemeinschaft 1975 ohne Leiter da. Mithilfe der beiden ÖD-Mitglieder und Landessynodalen Fürst Castell und Baron Truchsess von Wetzhausen erreichen sie in den Folgejahren den Anschluss an den Verein für Innere Mission im Diakonischen Werk – was eine höhere kirchliche Akzeptanz sichert.

Ein entscheidender Schritt liegt in der Gründung der *Lebensgemeinschaft für die Einheit der Christen* 1978. Mehr als bei der Dienstgemeinschaft des ersten Jahrzehnts liegt der Schwerpunkt nun auf der Lebensgemeinschaft. Das gemeinsame geistliche Leben soll gestärkt und vertieft werden. Persönliche Klausurtage mit Aussprache, Versöhnung und der Förderung der eigenen Gaben halten Einzug. Aber: »Wir brauchen einen leitenden Theologen«, begreift die Gemeinschaft. Es dauert bis 1982, ehe die bayerische Landeskirche einen evangelischen Pfarrer freistellt für die Arbeit in Craheim – und auch bezahlt: *Dieter Endres*. Er wird 18 Jahre lang Geistlicher in Craheim sein. Endres legt Wert auf interne Klausurtagungen, regelmäßige Supervisionen und Schulungen. Bei den wöchentlichen Treffen stehen Fragen des gemeinsamen Lebens und der Ehe- und Partnerschaftsarbeit im Mittelpunkt.

Mit seinem Namen verbunden ist der Aufbau der Tagungsarbeit, wie sie heute in Craheim existiert. Bis heute wirkt Dieter Endres mit seiner Frau Susanne auch weiter bei Tagungen mit.

Tagungen »christuszentriert«

Rund 55 Tagungen im Jahr bilden den Schwerpunkt der Arbeit auf Schloss Craheim. Lag in den 60er-/70er-Jahren das Schwergewicht auf Fragen nach den Geistesgaben, Ende der 70er-/Anfang der 80er-Jahre auf dem Thema Gemeindeaufbau, so sind es heute Tagungen zu Ehe und Partnerschaft. In Verknüpfung mit dem Netzwerk »Family Life Mission Deutschland« bietet Craheim mit dem Geistlichen Leiter *Pfarrer Heiner Frank* und seiner Frau *Dietlinde Frank* heute jährlich etwa 15 Seminare für Paare an. Sie werden dabei unterstützt durch ein großes Team ehrenamtlicher Mitarbeiterpaare. »Craheim ist dabei gewissermaßen das ›Mutterhaus‹ der Ehearbeit«, konstatiert Heiner Frank. Aufgrund persönlicher Fragen von Teilnehmern sind ab Mitte der 80er-Jahre Seelsorgetagungen und Seminare zur inneren Heilung entstanden. Mit Pfarrer Dr. Gottfried Wenzelmann, Autor des profunden Sachbuchs »Innere Heilung«, ist hier ein praktisch-theologischer Fachmann vor Ort. Neben den etwa 12 Tagungen zu Seelsorge und geistlichem Leben führt das Mitarbeiterteam viele Einzelgespräche mit Menschen, die an den Lasten des Lebens leiden. So ist Craheim heute ein Ort, an dem versucht wird, auf gesellschaftsrelevante Fragen Antworten aus dem Glauben zu geben – ehemals die Frage der Zerrissenheit der Konfessionen, heute Fragen des Leidens an der eigenen Lebensgeschichte.

Mehr als 3 000 Gäste mit rund 10 200 Übernachtungen werden insgesamt jedes Jahr in Craheim gezählt; die Hälfte der Konfirmanden- und Gemeindegruppen, Kirchenvorstände, Chöre, Seminarteilnehmer kommt aus der evangelischen Landeskirche. »Viele sind angetan und sagen: ›So etwas müsste es auch in unserer Gemeinde geben‹«, berichtet Heiner Frank. Andererseits öffnen sich Menschen gerade »fern der Heimatgemeinde, weil sie hier einen Freiraum erleben, den sie sich daheim im Alltag erst erkämpfen müssten«.

Frank zufolge »sind wir temporäre Handlanger des Heiligen Geistes«, die Menschen durch ein Seminar intensiv begleiten, in einer Reihe von Fällen ihnen aber auch über längere Zeit geistlich zur Seite stehen. Er sieht darin einen »Dienst für Kirchen und Gemeinden«, nicht in Konkurrenz, sondern als ergänzende Angebote. Unter den Gästen sind »verschiedene Frömmigkeitsprägungen« vertreten. »Zentral ist bei uns auf jeden Fall die Christuszentriertheit.«

Sich selbst, einander und Gott – begegnen

Ein strahlender Sommermorgen. Menschen eilen durch das Schlosstor, über den Innenhof, treten ein in die gedämpfte Stille der Schlosskapelle. Gefliester Boden, Holzbänke, evangelische Kirchengesangbücher, katholische Kniebänke. Jeden Morgen lädt die Lebensgemeinschaft zur gemeinsamen Andacht ein. Es geht schlicht und ruhig zu. Ein Chorus, begleitet auf der akustischen Gitarre. Dietlinde Frank spricht vom »Reden Gottes in konkreten Lebenssituationen«, lädt ein zum stillen Hören auf Gottes Reden in diesen Minuten. Gebet. Liedverse. Segen. Die Andachten sind ein wesentlicher Teil im Leben der Gemeinschaft in Craheim. Ergänzend zum Sonntagsgottesdienst gibt es mittwochs morgens ein Bibelstudium. Außerdem dienstags oder mittwochs abends ein Feierabend-Mahl, bei dem außer den acht FSJlern auch Einzelgäste willkommen sind. Im Anschluss trifft sich die 20-köpfige Lebensgemeinschaft zum Gemeinschaftsabend. Persönliche Fragen, geistliche Themen und Erfahrungen stehen hier im Mittelpunkt. Eine »hohe Verbindlichkeit« gilt zudem für die drei jährlichen Klausurtagungen, die regelmäßig auch von einer Supervisorin begleitet werden. Hier werden auch Fragen der persönlichen und gemeinsamen Berufung geklärt. Man ist sich bewusst, dass jeder persönlichen Berufung ein Ruf Gottes vorausgeht. Dieses große Geschenk Gottes soll im Leben des Einzelnen und in der Gemeinschaft Gestalt gewinnen. Frank: »So wollen wir der Auferbauung des Leibes Christi dienen.«

Eine große Bedeutung messen die Mitglieder der Gemeinschaft auch der geistlichen Begleitung durch den Ökumenischen Dienst und den Geistlichen Beirat zu. »Wir haben hier eben ein geistliches Lebenszentrum, und nicht etwa nur eine Ansammlung von drei Häusern«, sagt Siegfried Eisenmann mit Nachdruck. »Wir wollen in allen Bezügen die von Gott gestiftete versöhnte Einheit in Verschiedenheit leben«, betonen Dietlinde und Heiner Frank.

Zu den Höhepunkten im Jahr zählen Franks die fünfwöchige Sommergästezeit, weil dabei über Jahre enge Beziehungen gepflegt werden können und die Kernaspekte der Begegnungsstätte – einander, sich selbst und Gott begegnen – über intensive Gespräche und ein kreatives Miteinander hier »mit ihren stärksten Ausdruck finden«. Ein öffentlicher Open-Air-Gottesdienst mit anschließendem Essen im Schlosshof zieht in dieser Zeit regelmäßig bis zu 300 Besucher aus der Region an. Eine große Bedeutung für die Gemeinschaft hat auch das jährliche Freundestreffen an jedem letzten Wochenende im September: Nicht nur, dass die 270 Mitglieder im Förderverein durch ihre Spenden einen bedeutsamen Beitrag zur Finanzierung leisten (sie tragen 20 Prozent der Gesamtsumme an Spenden von etwa 300 000 Euro; 500 000 Euro nimmt Craheim durch die Tagungsgebühren und den Buchverkauf ein), vor allem sind sie Freunde, die dem Zentrum auch durch Gebet intensiv verbunden sind und in diesen Tagen Begegnung und Gemeinschaft suchen.

Im Netzwerk verbindlicher Gemeinschaften

Auf vielfältige Weise erlebt die Schloss-Gemeinschaft Craheim auch nach fast 40 Jahren als Ort des Glaubens. Ihr geistlicher Leiter Heiner Frank führt treppauf, treppab durch die vielen Schlossräume. Hohe Türen, große Spiegel in fast jedem Saal. Wuchtige in die Wände eingelassene Heizkörper, der große Kuppelsaal. Durch die Lindenallee führt der Weg zur Kapelle des Franziskushofs. Mit Bedauern erzählt Frank von dem zuletzt nur noch sporadisch gelebten Miteinander mit dem katholischen Priester, der inzwischen in einen anderen Ort gezogen ist.

Einen Steinwurf entfernt das Schwestern- und Exerzitienhaus der kleinen ökumenischen Schwesterngemeinschaft »Kommunität Jesu Weg«. Fünf Schwestern zwischen 58 und 79 Jahren, aus der katholischen und der evangelisch-methodistischen Kirche leben und arbeiten in ihrem erst 1998 errichteten Haus. Rund 150 Gäste, meist Frauen, kommen im Laufe des Jahres zu Exerzitien, Meditations- und Seelsorgeseminaren, leben mit im Rhythmus der Schwestern, treffen sich zu Stillezeiten morgens und mittags in der Kapelle, in deren Deckenfenster ein Kreuz erkennbar ist. »Das Kreuz, das alles trägt«, sagt Schwester Elisabeth Stahlschmidt, die mit Schwester Lore Scheurer die Gemeinschaft leitet und in den 1990er-Jahren weithin bekannt geworden ist durch ihr Buch »Auch ohne meine Kinder«. Ihre Berufung verstehen sie so: Menschen sollen »mit uns den Weg Jesu gehen«.

Das Miteinander der drei Häuser in Craheim sehen die Schwestern unkompliziert. Jedes Haus habe seinen »eigenen Auftrag und Charakter«.

Freilich sprechen die Schwestern auch von »Krisenzeiten«, vor allem im Zusammenhang mit ihrem Auszug. Denn bis 1998 hat die Schwesterngemeinschaft einen Flügel im Schloss für sich bewohnt und das kommunitäre Leben in den beengten Mauern gepflegt. Mit dem Umzug in das eigene Haus hat sich dann »überraschend schnell eine große Eigenständigkeit entwickelt«, bedauert Siegfried Eisenmann: »Das war schmerzhaft.« Angesichts der parallel »wachsenden Abnabelung des Franziskushofs habe ich mich manchmal gefragt: Will Gott das Lebenszentrum eigentlich noch?«, erklärt Eisenmann. In der heißen Phase wollten einige sogar das Eingangsschild abmontieren – »Wir leben das ja gar nicht mehr!« –, aber ein tröstlicher Brief eines Wegbegleiters hat geholfen, erzählt Dietlinde Frank: »Die Einheit macht nicht ihr«, hieß es darin, »sondern sie ist durch Jesus gestiftet.«

Regional betrachtet, liegt Craheim 120 Kilometer südlich des geografischen Mittelpunkts von Deutschland. Geistlich gesehen, »haben wir im Laufe der Geschichte sehr viele Fußnoten bekommen«, lächelt Eisenmann; meist mit dem Attribut »charismatisch« versehen. Dabei gehören die meisten Mitglieder der Lebensgemeinschaft nach wie vor bewusst zur evangelischen Landeskirche. »Wenn man eine klassische Einteilung liebt«, sagt darum Heiner Frank, dann müsste man »uns wohl als ›landeskirchlich-evangelikal-charismatisch‹ charakterisieren«. Allerdings, fügt er mit einem gewinnenden Lächeln an, »möchte ich gern jedem Christen das Prädikat ›charismatisch‹ wünschen: vom Heiligen Geist geleitet«. Der geistliche Leiter sieht Craheim als Zentrum für geistliches Leben und Seelsorge mit einem breiten Spektrum an Angeboten. »Im Kern ist unsere Arbeit christuszentriert.«

Wie die Geschichte des Ortes zeigt, trifft man sich in den zentralen Anliegen mit vielen Christen aus der Landeskirche, anderen Gemeinschaften, Freikirchen und freien Werken. »Wir gehören geistlich zum Netzwerk der verbindlichen Gemeinschaften in der EKD«, erklärt Frank. Craheim war beteiligt beim Mitarbeiterkongress und »Europatag« geistlicher Gemeinschaften im Mai 2004 und im Mai 2007 in Stuttgart. Mehr als 175 Gemeinschaften aus verschiedenen Konfessionen wirkten bei diesen Veranstaltungen zusammen. Das Miteinander »mit Gemeinschaften mit ganz unterschiedlichen geistlichen ›Farben‹, ohne dass es zu einem ›Markt der Beliebigkeiten‹ geworden wäre«, die Betonung dessen, »was uns ver-

Schlossallee Craheim

bindet, ohne dass man die Unterschiede verwässert«, das hält Frank für etwas Bereicherndes und von Gott Anvertrautes. Der Craheimer Leiter versteht es deswegen auch als »Herausforderung, die Einheit im Geist weiter zu entdecken, zu entwickeln und zu pflegen«. Seine Hoffnung ist, dass das so auch »in den einzelnen Gemeinden ankommt und Gestalt gewinnt«. Seine Frau Dietlinde ist überzeugt: »Diese Vielgestaltigkeit entspricht dem Wesen Gottes. Wir müssen in der Christenheit in Deutschland erkennen, dass wir ergänzungsbedürftig sind. Wir brauchen einander!«

Begegnungsstätte Schloss Craheim

Seelsorge-, Enneagramm-, Trauer-, Innere-Heilung-Seminare; Partnerschafts- und Eheseminare; Eheseelsorge- und Biblische-Seelsorge-Schulungen; Tagungen für Frauen/Männer/ Familien (mit Kinderbetreuung); Kreativ-Tagungen; Fastentagung. 140 Betten in Schloss/Gästehaus/Franziskushof/Schwesternhaus.
Kommunität Jesu Weg – Schwestern
Craheim 7, 97488 Stadtlauringen
Tel. 0 97 24/90 68 54
E-Mail: info@craheim-schwestern.de
Begegnungsstätte Schloss Craheim
Craheim 1, 97488 Stadtlauringen
Tel. 0 97 24/91 00 20
E-Mail: anmeldung@craheim.de

Wo Himmel und Erde sich berühren ...

Die »WegGemeinschaft« und der Dünenhof in Cuxhaven

Dünenhof Ferienhotel

Hoch im Nordwesten an der Elbmündung, da »wo Himmel und Erde sich berühren«, liegt der Dünenhof. Kein Haus in Deutschland hat wohl einen größeren »Vorgarten«. Unmittelbar am rustikalen Holzzaun des in weiten Teilen naturbelassenen Grundstücks beginnt der Nationalpark Niedersächsisches Wattenmeer.

In dieser einmaligen Landschaft lädt der Dünenhof dazu ein, Gott zu begegnen. Träger ist seit über 20 Jahren die »WegGemeinschaft«, eine neunköpfige geistliche Lebensgemeinschaft, die jährlich rund 20 Wochenendtagungen, Erholungswochen, ein Familiencamp und das große »DünenhofFestival/Die JesusKonferenz« verantwortet. Mit einem klaren inneren Programm: »Jesus tiefer vertrauen zu lernen und dabei ehrlich und alltagsnah zu sein, das ist zentral bei allen Tagungen und Konferenzen«, sagt Ulrich Eggers, in Personalunion Leiter der Gemeinschaft, des Bundes-Verlags und Vorsitzender von Willow Creek Deutschland.

Als Träger sind die Mitglieder der WegGemeinschaft dabei an den Wochenendtagungen und dem Festival aktiv engagiert, ansonsten aber in »ganz normalen« Berufen tätig und darum nicht auf dem Dünenhof anzutreffen. Ein rund 50-köpfiges Team um Manfred Pagel als Gesamtleiter (der als einziges Gemeinschaftsmitglied unmittelbar im Alltag mit dem Dünenhof zu tun hat) und Johannes Janke, den Leiter der Dünenhof-Gruppenhäuser und des Ferienhotels, verleiht dem alltäglichen Betrieb von Januar bis Dezember sein Gesicht.

Seit Juli 2004 hat sich der »alte« Dünenhof im Cuxhavener Küstendörfchen Berensch stark verändert. Der Komplex Dünenhof – bisher neun Nur-Dach-Häuser im modernen Jugendherbergsstil mit Platz für Gruppen zwischen 20 und 150 Personen, einem Veranstaltungsgebäude mit Küchen- und Bürotrakt, Kaminzimmer, Seminarräumen, Spiel- und Sportplätzen – hat sich verdoppelt. Wer in die kleine Straße »In den Dünen« einbiegt, stößt direkt auf das Schild »Dünenhof Ferienhotel«. Die WegGemeinschaft hat das komfortable ehemalige Post-Erholungsheim mit 105 Betten übernommen, das barrierefrei ideale Bedingungen auch für behinderte Menschen bietet. Das nördlichste geistliche Zentrum in Deutschland, eingebettet in eine aus Wolken, Weite, Dünen und Meer komponierte Landschaft, umfasst nun ein Gesamtareal von 16 Hektar.

Gottes verblüffendes Drehbuch

Gäste des Dünenhofs haben einen weithin sichtbaren Orientierungspunkt: das 50 Meter hohe Windrad. Nach einem Brand im Jahr 2000 wollte die Gemeinschaft eigentlich ein großes neues Windrad bauen – als eine wichtige Finanzquelle für geplante Projekte. Eine Erweiterung des Dünenhofs war länger schon unumgänglich, ein Hallen-Mehrzweck-Bau für größere Tagungen und Konferenzen im Visier. Pläne, Gutachten und Anträge für eine neue Windkraftanlage wurden über Jahre hin- und hergeschickt; alle Voraussetzungen für die Genehmigung schienen erfüllt. Aber dann wurde das Projekt in letzter Minute abgelehnt.

Dafür tat sich nebenan Unerwartetes: Über Jahre war eine Übernahme des benachbarten Großkomplexes unmöglich erschienen.

Überraschend wurde nun im Sommer 2003 bekannt, dass der Betreiber das Erholungsheim zum Jahresende schließen würde und einen Käufer suchte. Trotz eines für die Post an der Untergrenze liegenden Angebots bekam die Gemeinschaft den Zuschlag. »Unser Eindruck ist, dass Gott die Türen für uns geöffnet hat«, sagt Anke Pagel von der WegGemeinschaft. Wirtschaftlich ist das Projekt nicht ohne Risiko. Aber »wir machen das aus der Vision heraus, noch stärker unseren Auftrag als geistliches Zentrum wahrnehmen und größere Tagungen und Konferenzen beherbergen zu können«, sagt Ulrich Eggers.

Verblüffend: Im Zuge der Hotelübernahme haben sich seitens der Stadt Cuxhaven plötzlich vorher fest verschlossene – baurechtliche – Türen aufgetan, die Mehrzweckhalle (auf einer heute noch landwirtschaftlichen Nutzfläche) bauen zu können – was lange aussichtslos erschien. Nur durch die verdoppelte Bettenkapazität wurde das Hallenprojekt für die Stadt einsichtig. Dieter Eggers sieht hier »Gottes verblüffendes Drehbuch«.

Ideale und geistliche Erneuerung

Der Weg der Gemeinschaft, die den Dünenhof trägt, beginnt Anfang der 80er-Jahre. Die Mitglieder, damals zwischen Anfang 20 und Mitte 30, schließen sich 1982 aus der Keimzelle einer jugendevangelistischen Arbeit der Freien evangelischen Gemeinde Cuxhaven heraus zur verbindlichen Gemeinschaft zusammen. Ihre Motive sind gespeist aus den Idealen christlicher Propheten wie Ron Sider oder Jim Wallis, eines einfachen Lebensstils, der Friedensfrage der 80er, Weltverantwortung und sozialer Kompetenz der Gemeinde. Evangelisation und Gemeindebau gehörte für die Gruppe selbstverständlich dazu.

Die Grundidee zu Beginn der 80er-Jahre lautet: Wir wollen eine Lebensgemeinschaft, die Seminare veranstaltet und andere Leute zum Mitleben einlädt. Darum betet die Gemeinschaft um »ein kleines Haus, in dem man Leben und Auftrag miteinander verbinden kann« (Ulrich Eggers). Wie sie schließlich auf den gar nicht so kleinen Dünenhof stößt (»zufällig« bei einer Wanderung während einer der monatlichen Wochenendklausuren), dann 1984 von dem geplanten Verkauf der ehemaligen Jugendfreizeitstätte erfährt, trotz geringer Finanzmittel (»wir hatten 136 Mark in der Kasse«) und großer Skepsis selbst bei frommen Kreditgebern einen finanzkräftigeren Konkurrenten ausstechen und auch noch die Bedingung durchsetzen kann, das 800 000 DM billige Objekt in fünf Jahresraten zu bezahlen, das ist eine Geschichte voller Glaubenserfahrungen, die viele Parallelen zum Kauf des Ferienhotels im Jahre 2004 hat; und die Hartmut Tobies heute die »Gelassenheit und Überzeugung« der WegGemeinschaft zum Ausdruck bringen lässt: »Gott handelt. Er hätte uns das Ferienhotel nicht gegeben, wenn es nicht gut wäre für die Gemeinschaft und ihren Auftrag.«

Auf dem Dünenhof selbst hat die WegGemeinschaft als Ganzes nie gewohnt und gearbeitet. Selbst Manfred Pagel, der Dünenhof-Gesamtleiter, arbeitet zwar hauptberuflich dort, wohnt aber ein paar Fahrradminuten entfernt in Berensch, in unmittelbarer Nachbarschaft zu Johannes Janke. Das für die Gemeinschaft passende Bild ist das eines lebenslangen Hauskreises – allerdings mit sehr hoher Verbindlichkeit, einem gemeinsamen Auftrag und organisiert als gemeinnütziger Verein. Die Gemeinschaft sieht sich von Gott auf Lebenszeit zusammengestellt und erneuert jährlich das Versprechen des lebenslangen Miteinanders. Ein Satz steht als ihr Ziel fest: »Wir wollen anderen und einander helfen, Gott zu begegnen.«

Anfang der 1990er-Jahre beginnt eine geistliche Erneuerungsphase für die Gemeinschaft, in der jedes Mitglied »Gott auf seine Weise neu« erlebt. Anstöße aus verschiedenen geistlichen Bewegungen und die Erfahrung, stellenweise an eigenen Grenzen gescheitert zu sein, gehören zu den Ursachen: »Wir hatten eine Menge Ideale und wollten alles besser machen. Aber das reicht nicht aus. Nach ein paar Jahren hat man dafür keine Kraft mehr, dann ist die eigentliche Quelle gefragt: Jesus selbst ganz neu zu entdecken«, sagt Ulrich Eggers. Die persönliche geistliche Erneuerung setzt Mitte der 90er-Jahre einen frischen geistlichen Wind frei. Das Dünenhof-Programm wird stark erweitert, und die Tagungen werden größer.

Zwischen Hotel und Herberge

Seit der Hotelübernahme im Sommer 2004 geht es mit noch einmal ganz neuem Schwung in die Aufgabe Ferienhotel und den Ausbau eines geistlichen Zentrums. Das bedeutet auch eine kräftige Herausforderung. Viele strukturelle Veränderungen stehen aktuell an, um die beiden vorher separat geführten Häuser organisch und technisch eng miteinander zu verbinden. Mittlerweile kommt gut ein Viertel der Hotel-Gäste aus dem christlichen Bereich. Die Mischung mit Gästen aus dem säkularen Bereich soll unbedingt erhalten bleiben. »Gerade das gestaltet die Arbeit auf dem Dünenhof so spannend. Der natürlich gelebte christliche Glaube, die Arbeitseinstellung und der vorbildliche Umgang miteinander sollen die nicht christlichen Gäste aufmerksam machen«, umschreibt Johannes Janke den »missionarischen Auftrag aller Mitarbeiter«: »Wir wollen, dass unsere Gäste durch unsere Art zu arbeiten Jesus Christus kennenlernen.«

Durch das Ferienhotel kann der Dünenhof nun eine größere und variablere Palette an Unterkünften bieten, etwa bei Gemeindefreizeiten, größeren Tagungen oder Konferenzen: Von der Unterbringung in Wohnmobilen auf einem großzügigen Stellplatz und jugendherbergsähnlichen Gruppenhäusern über Ferienwohnungen bis zu Hotelzimmern ist alles möglich.

Die Gruppenhäuser, die in der Woche mit Schul-, Kinder- und Jugendgruppen, Konfirmanden- und Gemeindefreizeiten belegt sind, bildeten bisher mit rund 30 000 Übernachtungen im Jahr das wirtschaftliche Standbein der Dünenhof-Arbeit. Das Team bietet den Besuchergruppen dabei individuell zugeschnittene Programme, mehrere Seminarräume und ein großes Foyer mit Bühne, das auch als Tagungsraum genutzt wird.

Genau genommen, erstreckt sich der Dünenhof-Komplex übrigens noch gut 700 Meter weiter ins Nachbardorf Arensch. Hier betreibt der Dünenhof seit Sommer 2003 das »Haus Deichsende« bewusst als behagliche Unterkunft mit vier Ferienwohnungen (teils mit Kaminofen und Terrasse) für den Familienurlaub oder auch als »Stille-Haus«, um in der weitläufigen Umgebung mit seinen Salzwiesen und der Heidelandschaft im Deichvorland Raum für die persönliche Begegnung mit Gott zu ermöglichen.

Team-Überschrift: »Gemeinsam dienen«

»Unsere Überschrift als Dünenhof-Team lautet: gemeinsam dienen«, sagt Manfred Pagel. Dies wird auch darin deutlich, dass sich alle Mitarbeiter täglich in ihren jeweiligen Arbeitsbereichen treffen, um den Tag mit gemeinsamem Gebet zu starten. Einmal in der Woche kommen alle Mitarbeiter zusammen, um miteinander Gott zu loben, für die Gäste und füreinander zu beten.

Von den insgesamt knapp 50 Dünenhof-Mitarbeitern absolvieren 27 junge Leute ein freiwilliges soziales Jahr oder den Zivildienst in Jahresteams, eingesetzt in verantwortungsvollen Positionen: an der Rezeption, im Restaurant als Servicekräfte, in Küche, Technik oder Hauswirtschaft. Bewusst sollen sie lernen, Verantwortung zu übernehmen und sich auch mit schwierigen Situationen auseinanderzusetzen. Denn »oft passieren Dinge, die so nicht geplant waren, oder man kommt mit Menschen zusammen, die ganz anders sind, als man es gewohnt war«, sagt Janke aus Erfahrung.

Der Schwerpunkt des Dünenhof-Jahresteams liegt hierbei auf seiner Arbeit. Zugleich wird jeder in seiner Persönlichkeit herausgefordert: durch Wohngemeinschaften, Hauskreise, Team-Gesprächs-Gruppen und gemeinsames Arbeiten. Die »Teamer« sollen hier nicht allein ihre Stärken und Gaben entdecken, sondern sich auch auf die unterschiedlichen familiären und gemeindlichen Hintergründe der anderen einlassen und lernen, mit persönlichen Konflikten besser umzugehen und Verantwortung füreinander zu tragen.

Besondere Highlights im Dünenhof-Jahresprogramm sind die Erholungswochen »Erholung für Körper & Seele (EKS)«. Sie unterscheiden sich mit 20 bis 40 Teilnehmern und einer Dauer von fünf bis acht Tagen von den Wochenendtagungen. Die inhaltliche Ausrichtung ist allerdings dieselbe: Auftanken in der Gegenwart Gottes, Erholung finden auch in ihm. Das EKS-Angebot reicht von Fasten-, Schweige-, Musik- und Bewegungswochen bis zu Wochen nur für

Frauen. Das Programm lässt bewusst Pausen für Spaziergänge, zum Lesen, Schreiben oder Beten – oder auch für die Fitnesszone des Ferienhotels (Sauna, Schwimmbad, Physiotherapie). Referenten stehen den Teilnehmern in diesen Wochen für Gespräche und seelsorgerliche Begleitung zur Seite.

Seit vielen Jahren gehört auch die Zukunftswerkstatt »Z« zum festen Programm. Junge Erwachsene zwischen 18 und 30 nehmen sich jeweils um den Jahreswechsel fünf Tage Zeit um herauszufinden, was ihr bzw. »Gottes Ding« ist. Inspiration, Perspektive und Vision für die Zukunft, den eigenen Platz im Reich Gottes finden – das ist zentrale Ausrichtung in den fünf »Z«-Tagen.

Dynamische Gemeinschaften

Die WegGemeinschaft möchte mit dem Dünenhof-Mitarbeiter-Team die vertiefte Gotteserfahrung der eigenen geistlichen Erneuerung weitergeben. Das prägt spürbar auch das jährliche Dünenhof-Festival: äußerlich eine bunte Christengemeinschaft von inzwischen mehr als 1700 Christen, die sich zwischen einem großen Veranstaltungszelt, zahllosen Campingzelten, Wohnmobilen, den Gruppenhäusern und dem Ferienhotel hin und her bewegen; innerlich eine »Familie«, die von morgens acht bis in die Nacht miteinander singt, betet, zuhört, miteinander redet und spielt, in Workshops geistliche Fragen bewegt, nach dem Abendprogramm noch einen guten Spielfilm ansieht, im Nachtcafé ein Matjesbrötchen oder rote Grütze genießt, auf der Bühne im Foyer allabendliche »Unplugged«-Konzerte von prominenten oder noch nicht prominenten Musikern hört oder im Hauptzelt mit einer Gebetsnacht den Tag beschließt.

Die holprige Doppel-Bezeichnung *»DünenhofFestival/Die JesusKonferenz«* ist wohlüberlegt. Ulrich Eggers: »Es geht uns zentral um geistliche Anliegen. Wir haben eine bunte, kreative, familiäre Atmosphäre – aber der ganze Aufwand gilt nur einem Inhalt: Jesus.«

Was für das Festival gilt, lässt sich zu annähernd 100 Prozent auch für die Wochenendtagungen sagen, bei denen die WegGemeinschaft in verschiedenen Bereichen engagiert ist. Die geistliche Atmosphäre ist hier, bei bis zu 150 Teilnehmern, sogar noch deutlich dichter; von Freitagabend bis Sonntagmittag wächst hier regelmäßig eine intensive geistliche Gemeinschaft – für Manfred Pagel »ein Handeln Gottes und Wirken des Heiligen Geistes«.

Persönlich und geistlich nah

Die Liste der Dünenhof-Referenten ist lang und prominent. Darauf finden sich Gordon MacDonald und John Ortberg, Floyd McClung und Ron Sider, Glenn Kaiser und Noel Richards, Hanspeter Nüesch und Jack Deere, Peter und Diethelm Strauch, Anskar-Gründer Wolfram Kopfermann ebenso wie der neue Präses im Bund Freier evangelischer Gemeinden, Ansgar Hörsting, Astrid Eichler, Christival-Chef Roland Werner, Hartmut Steeb von der Deutschen Evangelischen Allianz oder Dominik Klenk, Leiter der »Offensive Junger Christen«. Und natürlich Andrea Adams-Frey und Albert Frey, häufige musikalische Gäste bei Dünenhof-Tagungen und Freunde der Gemeinschaft, und viele andere mehr. »Diese Leute kommen nicht zu uns, weil sie einen ›Job‹ machen wollen«, erklärt Eggers, »sondern in dem Wissen: Wir arbeiten zusammen, laufen gemeinsam hinter Jesus her.« So ist nicht von ungefähr eine Vernetzung entstanden, beispielsweise zur Willow-Creek-Bewegung und zur »Koalition für Evangelisation« in Deutschland, zur Deutschen Evangelischen Allianz, zum Bund Freier evangelischer Gemeinden und vielen anderen. Alle haben dasselbe Ziel: »Menschen zu einer befreienden Erfahrung mit Christus führen.«

Weil geistliche Nähe schnell auch zu menschlicher Nähe führt, spricht Manfred Pagel davon, dass die Referenten und Musiker »Freunde und geistliche Geschwister« sind, denen nicht einfach ein Mikrofon vor die Nase gestellt wird, sondern die hier ein paar Tage mitleben, eingebunden in das Team der Gemeinschaft dienen und sich auch mit ihren offenen Fragen und schwierigen Glaubensphasen transparent machen. Eine große Ehrlichkeit und Natürlichkeit, der offene Austausch über den Glauben, das gegenseitige Teilhabenlassen prägen sämtliche Dünenhof-Veranstaltungen.

Abendmahl beim DünenhofFestival

Zudem haben Schubladen hier keinen Platz: »Es hat keine Bedeutung für uns, aus welcher frommen Ecke jemand kommt: Es geht um eine Wertschätzung des Menschen und darum, was Gott im Leben des anderen getan hat und tun kann«, sagt Pagel. »Darum findet man unter den Christen auf dem Dünenhof auch ›alle Sorten‹. Es sind die ›Jesus-Hinterher-Woller‹, die kommen«, schließt Eggers an.

Eine Zukunftsfrage hat an Dynamik gewonnen, seit Freund und Mentor Gordon MacDonald sie vor einiger Zeit gestellt hat: die der Nachfolge, wer die Arbeit einmal weiterträgt. Zwar »sind wir noch viel zu vital, um an Ruhestand zu denken«, sagt Anke Pagel. Aber der Aspekt »Wie gibt man das innere Feuer weiter, den Funken dessen, was wir wollen?«, ist nach Ulrich Eggers' Worten eine lebendige Frage. Dabei ist für die WegGemeinschaft wie das Dünenhof-Mitarbeiter-Team entscheidend, »dass zentral bleibt, was jetzt Zentrum ist: ein lebendiges Fragen nach Jesus und wie wir ihm mehr vertrauen und konkreter nachfolgen können.«

Dünenhof

Ferienhotel / Gruppenhäuser / Tagungen / Festival
In den Dünen 2–4, 27476 Cuxhaven
Tel. 0 47 23/7 12 3-0; www.duenenhof.org

Wohnung, Kühlschrank und Herzen öffnen ...

Die Freie Christliche Jugendgemeinschaft (FCJG) in Lüdenscheid

Skulptur auf dem Gebetsberg

Eine Arbeit und die Erfahrungen aus mehr als einem Vierteljahrhundert so knapp zusammenzufassen, das muss man erst mal schaffen: »Wir waren und sind immer sehr bibelgläubig gewesen«, sprudelt es aus Walter Heidenreich heraus, »wir sind Beter, wir sind Anbeter und wir lieben die Verlorenen, die Armen und die Bedürftigen – und das aus einem gemeinsamen Leben heraus, bis an die Enden der Erde.« Mit einem Atemzug hat der 57-Jährige alle wesentlichen Punkte genannt, die das Glaubens-Werk ausmachen, das er seit Ende der 1970er-Jahre leitet: die Freie Christliche Jugendgemeinschaft in Lüdenscheid, bekannt unter dem Kürzel FCJG. Hätte er etwas tiefer Luft geholt, hätte er in dem allen vielleicht auch noch das Wirken des Heiligen Geistes eingebettet, ohne das die Arbeit der FCJG nicht denkbar wäre. Aus den kleinen Anfängen in einer Wohngemeinschaft sind in 30 Jahren eine vitale Drogen-Reha-Arbeit, Obdachlosen- und Stadtmissionsarbeit, aber auch Kinder- und Teenagerarbeit, Mitarbeiterschule für Gebet, Evangelisation und Weltmission, ein Missionswerk und eine inspirierende Gebets-, Anbetungs-, Evangelisations- und Konferenzarbeit sowie Gottesdienste mit Heilungsgebeten rund um eine 250-köpfige Lebensgemeinschaft entstanden, die jährlich viele tausend Christen ins Sauerland pilgern lassen.

Wilde Evangelisation zur Jesus-People-Zeit

Am Anfang stand das Bibellesen. Walter Heidenreich, wie manche seiner leitenden Mitarbeiter Ende der 60er-/Anfang der 70er-Jahre voll in der Hippie- und Drogenszene, erlebte ausgerechnet auf einer Drogenparty seine »rettungslose Verlorenheit« und mit einem Schlag die Kraft, den Frieden und die Liebe Gottes: »Hier ist der lebendige Gott!« Mit seiner heutigen Frau Irene, die das gleiche Erlebnis hatte, zog er aus der Kommune aus, ging arbeiten. Sie kauften sich Bibeln und lasen sie »rauf und runter«.

Nach einem halben Jahr beschlossen sie nach einem »prophetischen Wort« eines anderen Christen, »unsere Wohnung, unser Portemonnaie, unseren Kühlschrank und unser Herz für andere zu öffnen«, erinnert sich Heidenreich. Danach begann »eine wilde und unwahrscheinlich schöne Zeit«: Wie in der Jesus-People-Zeit Anfang der 70er-Jahre nicht unüblich, gingen die Heidenreichs nach draußen und erlebten »Erweckung auf der Straße«. Viele »kaputte Typen« bekehrten sich. Teilweise hausten bis zu 25 Leute in der 64-Quadratmeter-Wohnung von Walter und Irene, futterten deren Kühlschrank leer, lasen mit ihnen in der Bibel und beteten. Und »völlig unbeleckt«, wie sie waren, »kam auch das Charismatische bei uns rein: Taufe mit dem Heiligen Geist, Leben mit den Gaben des Geistes, Heilungen und Dämonenaustreibungen waren normal bei uns.«

Nach zwei Jahren bekamen sie einen klaren Ruf von Gott nach Lüdenscheid. Das »christliche Kommunenleben« blieb gleich, jedoch fanden sich in der Nachbarstadt von Anfang an Christen aus Landes- und Freikirchen, Katholiken und »Leute von der Straße«, mit denen sie zusammen beten konnten. Mit der Gründung des Vereins FCJG 1975 (damals noch von Michael Claren, Dirk Schmalenbach, Hans Fritzsch und Dirk Lüling, die zwischen 1979 und 1981 zurücktraten) bekam das Gebilde eine festere Struktur und der gerade aus der Taufe gehobene Verein einen erweiterten Auftrag von Gott: die Drogenarbeit. Ingfried Woyke, Pfarrer in der evangelischen Kreuzkirche, bot dem FCJG-Verein ein ehemaliges Hotel des Kirchenkreises, das ein halbes Jahr leer gestanden hatte, zur Nutzung an: »Das könnt ihr mietfrei übernehmen, wenn ihr euch um die Drogenabhängigen kümmert.«

Die erste Drogentote und das Gebet

Von Beginn an dabei gewesen ist Bernd Mette (55), ein »Lüdenscheider Junge«, der nach der eigenen Drogenkarriere mit zwei Selbstmordversuchen und seiner Bekehrung in einer christlichen WG in Norddeutschland Mitte der 70er in seine Heimatstadt zurückgekehrt ist. Er erinnert sich noch daran, dass es in dem ehemaligen Hotel und christlichen Hospiz, dem heutigen Drogen-Reha-»Haus Wiedenhof«, Anfang der 70er die erste Drogentote von Lüdenscheid gab. Der bekannte Lüdenscheider Pfarrer Paul Deitenbeck, pietistisches Urgestein und lange Jahre eine der Leitungspersönlichkeiten in der Evangelischen Allianz, hielt sich zu dem Zeitpunkt zu einer Feier im Haus auf – und bittet die Gäste nach der schockierenden Nachricht um Gebet – vor allem dafür, dass die Drogenabhängigen der Stadt nachhaltig Hilfe erfahren.

Als die FCJG dann mit der Drogen-Reha beginnt, begleitet Deitenbeck die Arbeit in seiner väterlich-weitherzigen Art über die Jahre, steht trotz aller kritischen Töne zu der jungen charismatisch jesus-freakigen Gemeinschaft und gibt ihr einen Vertrauensvorschuss nach dem biblischen Zeugnis der Apostelgeschichte: Ist die Arbeit von Gott, wird sie bestätigt.

Heute sitzt Bernd Mette vor »seinen« 17 Reha-Leuten und den elf Mitarbeitern, die sich zur täglichen Morgenandacht in den bequemen Sofas niedergelassen haben. Man spürt Mette das innere Feuer ab, wenn er von Jesus spricht. Allgemeines Bibelblättern im Raum. Er geht in 25 Minuten kerniger persönlicher Predigt von Römer 6 über Johannes 11 bis zu 2. Korinther 5, spricht von der Sünde, für die »wir buchstäblich gestorben« sind, oder von Jesus, dem Arzt, der heilt. Viele der Männer und Frauen im Raum haben Knasterfahrung und Strafen abgesessen: »Da wären viele von euch froh gewesen, wenn der Sohn des Richters gekommen wäre und gesagt hätte: ›Ich gehe für ihn in Haft.‹« Ganz klar macht er, dass man nicht bei Emotionen stehen bleiben darf – »auch charismatische Praktiken sind nicht entscheidend« –, sondern: »das Herz aufmachen für Jesus«; was viele in der folgenden Anbetungszeit auch tun.

Reich kann man bei einer derart christlichen Ausrichtung der Arbeit nicht werden. Die Erfahrung der »schmalen« Vereinskasse hat Mette zeit seiner gut 30 Jahre im Haus Wiedenhof gemacht: Bewusst hat die FCJG – anders auch als eine Reihe der Häuser der Arbeitsgemeinschaft Christlicher Lebenshilfe (ACL), zu der der Wiedenhof zählt – auf staatliche Unterstützung verzichtet, trotz mancher Anfragen keinen Kostenträger mit ins Boot genommen. Deswegen konnte man »allein dem Evangelium verpflichtet« arbeiten und »sehr nah an Matthäus 6,33« leben. Dabei haben sie »viele Wunder der Versorgung Gottes, Bekehrungen und körperliche Heilungen« erlebt und erregten dadurch öffentliches Aufsehen – »schließlich kennt man in einer 80 000-Einwohner-Stadt noch seine ›verlorenen Söhne‹«, sagt Bernd Mette. Heute, bei wirtschaftlich schwierigerer Großwetterlage, kommt dem Wiedenhof der freie Status zugute: Während in geförderten Einrichtungen die Kostenträger häufig nur begrenzt die Therapie zahlen und die Zeiten gekürzt werden, können die Reha-Gäste hier bis zu 15 Monate bleiben. Mette: »Es ist ein Segen, in der Abhängigkeit Gottes zu leben.«

Glauben für den täglichen Lebensunterhalt

Diese »Glaubenslinie der persönlichen Versorgung« (Mette) ist auch in der 1984 gegründeten FCJG-Stadtmission Praxis. Der Trägerverein zahlt aus einem gemeinsamen Topf die Sozialabgaben der in der Gemeinschaft lebenden Mitarbeiter, stellt Kost und Logis frei und gibt ihnen ein Taschengeld von 50 bis 60 Euro monatlich. Für den

Rest »muss ich glauben«, erklärt Christian Eggeling (41), Leiter der Stadtmission, für seine 16 köpfige Mitarbeiter WG, von denen einige halbtags arbeiten.

Im gesamten Missionshaus in der Bahnhofstraße gelten Eggelings Sätze: »Eigentlich haben wir auf allen Ebenen zu wenig. Aber das Geld war und ist immer da.« Mal fehlen neue Fenster zur Renovierung – und in einem nahe gelegenen Haus, das abgerissen werden soll, finden sich brauchbare. Mal ist eine Erneuerung der Bausubstanz fällig – und ein Bauunternehmer verschenkt Material. Oder Freunde spenden einen Gebrauchtwagen.

Die FCJG-Stadtmission ist entstanden, nachdem immer mehr Notleidende beim Wiedenhof angeklopft und um Kleidung und Nahrung gebettelt haben, dort aber nicht weiter versorgt werden konnten. Aus dieser Not bildete sich ein Team, das intensiv um einen geeigneten Platz für diese Arbeit betete, schließlich auf dieses Haus stieß – und es seither unter dem Motto betreibt: »Wer zu keinem gehört, der gehört zu uns.«

Bis zu neun Gäste, die wegen seelischen oder Suchtproblemen Hilfe brauchen, können hier – auf Sozialhilfesatz – mitwohnen, Mahlzeiten und Hausarbeiten ebenso teilen wie Andachten und Gebetstreffen; und im Übrigen die Arbeit der Stadtmission unterstützen. Die findet neben dem Betreuungsdienst statt im »Café 34« im Erdgeschoss, wo Obdachlose kostenlos etwas essen und trinken können und sich dafür gelegentlich im Küchendienst nützlich machen. Außerdem können hier acht Notschlafplätze kurzfristig belegt werden. Die Essensausgabe läuft wie alles in der Stadtmission und der FCJG auf der Basis des Glaubens und Vertrauens. Schon häufig haben Eggeling und seine Mitstreiter viel zu wenig Lebensmittel vorrätig gehabt und sind daraufhin ins Gebet gegangen. Und nicht selten rief nach dem Gebet eine Firma an mit der Nachricht, die Stadtmission könne das übrig gebliebene Essen aus der Kantine haben; oder eine Hochzeitsgesellschaft lieferte die nicht vertilgten Speisen in das Missionshaus. Ein paar Mal haben sie auch »nachweislich« (Eggeling) eine wundersame Essensvermehrung erlebt. Solche Erfahrungen »sind nicht das täglich Brot, aber wir vertrauen auf Gott, dass er sich zu seiner Sache stellt«.

Öffentliche evangelistische Aktionen schließlich sind das dritte Spielbein der Stadtmission: Häufig gehen Mitarbeiter durch die Stadt, beten in Kneipen, an öffentlichen Plätzen, für Unternehmen um Gottes Wirken und spürbaren Segen an diesen Orten. In Lüdenscheid lädt die Stadtmission immer wieder mit größeren Aktionen zum Glauben ein. Im Jahr der Bibel haben sie auf einer öffentlichen Bühne an vier Tagen die Bibel laut vorgelesen. Oder beim Film »Die Passion Christi« haben sie mit der Eintrittskarte Info-Flyer verteilt, Kurzpredigten nach Filmende gehalten und zum Gespräch eingeladen.

Beten im Glashaus

Weit über Lüdenscheid hinaus ist die FCJG in den vergangenen Jahren bekannt geworden durch ihren »Gebetsberg«. Die Gemeinschaft hat das Gelände an der Wislade, ein ehemaliges Fußballgelände am Stadtrand schon vor 18 Jahren gekauft, es aber erst vor sieben Jahren buchstäblich zum »Gebetsberg für die Nationen« geweiht. Helmut Diefenbach erzählt die Geschichte:

Der 50-jährige Theologe, der nach Abwegen in die Drogenszene die Ausbildung an der Bibelschule Wiedenest absolvierte, dann im Wiedenhof gearbeitet und die FCJG-Stadtmission mit aufgebaut hat, nimmt zu Beginn des Jahres 2000 mit Walter Heidenreich an einer Konferenz für Gebet und Evangelisation in Uganda teil. Dort ist Diefenbach »tief berührt und vom Heiligen Geist erwischt«, als er sieht, »mit welcher Leidenschaft und Hingabe, Echtheit, Intensität und Dynamik« die afrikanischen Glaubensgeschwister schon morgens um sechs beten. Bei dem Gebet auf einem Berg predigt ein afrikanischer Bruder darüber, dass Gott sich nach biblischer Überlieferung oft besonders auf Bergen offenbart hat. »Das alles war nichts Übernatürliches – aber Gott hat es mir aufs Herz gelegt: Ich möchte auch in Lüdenscheid einen Gebetsberg für alle Nationen, wo man Tag und Nacht zu Gott rufen kann.« Auf dem Rückflug spricht er mit Heidenreich über seine Erfahrungen. Im März kaufen sie ein altes Bundeswehrzelt, und zu Ostern 2000 wird der Gebetsberg eingeweiht.

Über Jahre fanden darin von 6 bis 22 Uhr Gebetswachen statt. In Zusammenarbeit mit den Kirchengemeinden und der örtlichen Evangelischen Allianz entstand das 24-Stunden-Gebet für Lüdenscheid. Regelmäßig standen Schulungen, Seminare und größere Konferenzen auf dem Berg an. Im Zelt hingen die unterschiedlichsten Gebetsanliegen aus. Internationale Flaggen, eine Deutschland- und eine Weltkarte luden ein, sich an der internationalen Gebetsbewegung zu beteiligen. Ein Altar aus 24 unbehauenen Steinen mit den Namen der 12 Stämme Israels und der 12 Apostel wurde nach Josua 8,30–31 errichtet, ebenso wie ein großes Kreuz, das in allem Beten den Blick auf Jesus ausrichten soll. Und alle, die zum Beten auf den Berg gehen, folgen zuvor Schritt für Schritt einem Gebetsweg, der zur Fürbitte einlädt.

Im Sommer 2004 ist das mehrjährige Provisorium Gebetszelt durch ein umgebautes und erweitertes Gewächshaus – eine Spende – ersetzt worden: Seither wird auf dem Gebetsberg transparent im Glashaus gebetet.

Mission, Teenager, Hauskirchen

Die FCJG betet nicht nur für die Welt, sie ist seit 1992 über den Verein »Help International« auch in der äußeren Mission aktiv: 80 Vollzeitmitarbeiter treiben inzwischen in sechs Ländern Mission, leben dort mit Einheimischen in enger täglicher Gemeinschaft, kümmern sich um Obdachlose und Straßenkinder, betreiben Sucht-Reha-Arbeiten: »Help, das ist im Grunde FCJG im Ausland«, sagt der Leiter Martin Rohsmann. Einen besonderen Schwerpunkt bildet dabei die Mongolei. Die Mitarbeiter haben die Vision, dass Gott ihre seit 1994 offiziell registrierte Missionsarbeit dazu gebraucht, das 2,5-Millionen-Volk in einen christlichen Staat zu verwandeln.

Ein großer Teil der »Help«-Mitarbeiter kommt aus der 1986 gegründeten FCJG-eigenen Mitarbeiterschule für Gebet, Evangelisation und Weltmission: Rund 95 Prozent der Absolventen der elfmonatigen Lebensgemeinschaft mit Lehre, Arbeits- und evangelistischen Einsätzen in Deutschland, Europa und auch in Asien gehen später in die »Help«-Arbeit.

Aber auch die unmittelbare Umgebung ist bei der FCJG im Blick, und hier zunehmend die junge Generation. Nachdem in den ersten zehn Jahren die Reha und die Lebensgemeinschaft den Schwerpunkt gebildet hatten, wurde ab Mitte der 80er die Kinder- und Teenagerarbeit aufgebaut. Regelmäßig 200 junge Leute nehmen mittlerweile an den Programmen im FCJG-Teenager- und Jugendzentrum und an öffentlichen Plätzen teil. Zu größeren Events und Konferenzen kommen 800 bis 1 000 Besucher aus ganz Deutschland; bei der »Stream«-Konferenz im Mai 2007 waren es gar 3 000 Besucher. Schon Kinder und Teenager sollen geistlich ernst genommen werden, füreinander beten, um das Wirken des Geistes Gottes bitten und mit seinem Eingreifen rechnen: »Gott nimmt Teenager nicht erst ab 18 ernst«, sagt die Leiterin Birgit Janke.

Damit die FCJG nicht nur an einigen Orten in Lüdenscheid vertreten ist, sondern möglichst flächendeckend die Stadtteile durchdringen kann, wurde 1991 die »Foundry«-Hauskirchenbewegung ins Leben gerufen, zu der heute fünf selbstständige Hauskirchengemeinden zählen, die für ihre Stadtteile geistlich Verantwortung übernommen haben.

Vernetzt in der (inter-)nationalen Christenheit

Die FCJG ist ein sehr bunter charismatischer Teil im »Leib Christi«. Diese biblische Bezeichnung aus 1. Korinther 12 für alle diejenigen, die zu Christus gehören, wird durchgängig bei allen Mitarbeitern der Gemeinschaft gebraucht – niemand spricht hier von einzelnen Gemeinden, wenn es um die ganze Christenheit geht. Die FCJG ist in diesem Bild ein natürlicher Teil, »dessen Dienste in vielen Teilen des ›Leibes Christi‹ willkommen sind«, sagt Heidenreich. Die FCJG ist in der Evangelischen Allianz Lüdenscheid mit anderen Christen vernetzt, darüber hinaus im überkonfessionellen »Treffen von Verantwortlichen«, dem Kreis Charismatischer Leiter oder der Koalition für Evangelisation. Zu den samstäglichen FCJG-Gottesdiensten und den halbjährlichen Anbetungsgottesdiensten »Come to the Light« kommen mehrere Tausend Christen zusammen, zum Teil aus dem Ausland.

Seinen sichtbarsten Ausdruck findet das Verständnis von dem einen Leib Christi aber auf dem Gebetsberg. »Der ganze Gebetsberg gehört dem Volk Gottes«, sagt Helmut Diefenbach; alle Christen sind zum Fürbittengebet eingeladen: »Mein Haus soll ein Gebetshaus sein für die Nationen.« Er sieht die FCJG damit als einen Baustein in der wachsenden internationalen Gebetsbewegung, wie sie sich etwa in der Lausanner Gebetsbewegung, der »Fürbitte für Deutschland«, dem »Wächterruf« oder der »Gebetsbewegung Uganda« ausdrückt.

In der charismatischen Bewegung in Deutschland, in der die FCJG mit vielen neuen Ideen und Projekten immer eine prägende Rolle spielte, sieht Heidenreich dagegen in jüngerer Zeit »weniger

Besucher im Obdachlosen-»Café 34«

Dynamik in Sachen Evangelisation, Gaben des Geistes und der Heilungskomponente«. Mut macht ihm die geistliche Aufbruchstimmung in der jungen Generation: »Die jungen Leute wollen was mit Gott erleben und geben sich nicht zufrieden mit ein bisschen trockener Theologie.«

Grundsätzlich hält Heidenreich aber nicht viel von der Schubladisierung der Christen in »Charismatiker« und »Evangelikale«: Nach seinem Verständnis gibt es »überhaupt keine Nicht-Charismatiker«, weil jeder Christ von Gottes Geist begabt ist. Und schließlich meint er: »Viele Christen haben heute nicht mehr das konfessionelle Brett vorm Kopf. Die interessiert nur: ›Liebst du Jesus?‹ – ›Ja.‹ – ›Okay, ich auch. Dann lass uns zusammen gehen!‹«

Freie Christliche Jugend-Gemeinschaft (FCJG) Lüdenscheid

Anbetungsgottesdienst »Come to the Light«, zweimal jährlich an einem Samstagabend (Schützenhalle Lüdenscheid).
»Life is live«: Die FCJG kennenlernen und hautnah erleben.
Gebetsberg/Haus des Gebets (Lüdenscheid Wislade): Jeder ist herzlich eingeladen zum Gebet, alleine oder in Gruppen.
Jährlich evangelistische Stadteinsätze »Summer in the City«.

FCJG Überkonfessionelle Dienste e.V.
Wislader Weg 9, 58513 Lüdenscheid
Tel. 0 23 51/35 80 39
E-Mail: info@fcjg.de; www.fcjg.de (mit aktuellen Terminen)

Die Sehnsucht nach dem Göttlichen

Die Jesus-Bruderschaft Gnadenthal bei Limburg

Kapelle im Haus der Stille

Eine einzelne Glocke klingt morgens um sieben durch das Tal. Von allen Seiten kommen die Bewohner auf die Kirche in der Dorfmitte zu. Viele treten in dem schmucklosen Innenraum still nach vorne, verbeugen sich tief vor dem Kreuz. Männer und Frauen in weißen Gewändern sitzen vorne an den Wänden auf einer Bank. Ein schlichtes Seil läuft von der Decke neben der Orgel herab, an dessen Ende ein nüchtern blickender Mann mit Vollbart fünf Minuten lang die Kirchenglocke zum Tönen bringt.

Die Kirche, in der die Glocke hängt, gehört zu einem alten Zisterzienserinnen-Kloster, deren Konvent 1235 gegründet wurde. Über Jahrhunderte diente die Anlage unweit von Limburg als landwirtschaftliches Hofgut, dem aber nach und nach der völlige Zerfall drohte. Bauernfamilien hielten die Gebäude und das einfache Leben aufrecht. Bis 1969. In diesem Jahr trat die Jesus-Bruderschaft auf den Plan. Die evangelische Kommunität, die sich in der Tradition beispielsweise der Herrnhuter Brüdergemeine, der studentischen Lebensgemeinschaft Dietrich Bonhoeffers und nach dem »Vorbild« von Taizé sieht, erwarb einen Teil des ehemaligen Klostergebäudes. Das alte Kloster erwachte zu neuem Leben.

Ort der Sammlung

Die Bruderschaft entstand 1961 aus einer Handvoll junger interessierter Menschen. Als sich die Brüder und Schwestern 1964 zum juristischen Verein zusammenschlossen und in den folgenden Jahren Familien dazukamen – ein wichtiges Merkmal der Kommunität –, stellte sich zunehmend die Frage eines Zentrums, eines Ortes, einer Heimat, »an der sie ›andocken‹ können«, umschreibt es Bruder Franziskus, Pfarrer und Prior des Brüderzweiges der Jesus-Bruderschaft heute. »Der Mensch braucht im Unterwegssein einen Ort der Sammlung gegen die Flüchtigkeit«, ergänzt Günter Oertel, der bis 2004 in der Leitung der Gemeinschaft war. »Durch ›Zufall‹«, erinnert er sich, erzählte dann eine Schwester aus der Kommunität, dass ihre Eltern ihren Hof im hessischen Gnadenthal verkaufen wollten. Hier fand die junge Kommunität – die Mitglieder waren fast alle zwischen 20 und 30 Jahre alt – ihr Zuhause, das sie in den vergangenen knapp 40 Jahren kontinuierlich wiederaufgebaut hat. Nach dem Neubau von Gemeinschaftshäusern und dem »Haus der Stille« wurde vor allem in den 1980er-Jahren die alte Klosteranlage mit Kirche, Klosterhof, dem alten Äbtissinnenhaus und dem »Nehemia-Hof« (einer zum Freizeithaus umgebauten ehemaligen Scheune) restauriert. Viele der 15 Brüder, 16 Schwestern und etwa 20 Familien, die verbindlich zur Jesus-Bruderschaft gehören, leben heute in Gnadenthal.

Es hat sich als Segen erwiesen, dass die Kommunität an diesen alten Ort des Glaubens gekommen ist. Die Mitglieder lebten zuvor verstreut in vielen kleinen Zellen von zwei oder drei Personen. »Wir haben gemerkt: So zersiedelt können wir gemeinsames Leben nicht leben«, sagt Günter Oertel. Die Bruderschaft wollte ein Modell gemeinsamen Lebens etablieren, das von der tiefen Frage und Sehnsucht geprägt war: »Wie kann Leben mit Jesus Christus heute gelingen?« Und der Ort Gnadenthal hat die entscheidende »Konzentration gebracht, die wir brauchten«.

»Herz und Sinne zu Gott erheben«

Unscheinbar liegt das kleine Dorf in einem ruhigen Tal im Kreis Limburg-Weilburg. Die nächstgelegene Bahnstation Bad Camberg ist so verträumt, dass man normalerweise nur durchfahren würde. Bis zu 70 000 Autos täglich rauschen oberhalb des Tals über die Autobahn A 3. Aber hier unten liegt Ruhe über den Dächern.

Die Glocke der Klosterkirche läutet drei Mal am Tag. Morgens um sieben, mittags um zwölf und abends um sechs. Sie gibt dem Tag hier ihren Rhythmus.

Jeden Morgen (außer mittwochs) feiert die Gemeinschaft einen liturgischen Gottesdienst mit Abendmahl. Ein meist ohne Orgelbegleitung intonierter ein- oder mehrstimmiger getragener (Psalmen-)Gesang erfüllt die karge Kirche. Die strenge äußere Form hat ihren »Grund in einer Gemeinschaft, die täglich intensiv betet und eine Form finden muss, die trägt«; denn wenn man nur »aus der freien Gebetsgemeinschaft leben« würde, »ist man irgendwann alle«, erläutert Bruder Franziskus die Praxis. Die liturgischen Gesänge »öffnen einen Raum, in den ich gehen kann; da muss ich mein Gebet nicht produzieren und es hängt nicht davon ab, wie ich im Moment drauf bin«.

Das Gleiche gilt für das Mittagsgebet um die Einheit des Volkes Gottes, das Abendgebet, das zum Gotteslob der Psalmen und zur Fürbitte leitet, und für die Komplet, das Nachtgebet, das um 21 Uhr den Tag beschließt.

Die Mitglieder der Kommunität Gnadenthal kommen aus der evangelischen und der katholischen Kirche und aus evangelischen Freikirchen. Alle behalten ihre Kirchenzugehörigkeit. »Jesus ist die Mitte«, betonen sie. Das führt wesentlich »zu einem versöhnten Miteinander« (Bruder Franziskus): von Frauen und Männern, von evangelischen und katholischen Christen, von zölibatär und in der Familie lebenden Christen. »Wenn die Mitte unseres Lebens klar ist, dann kann es eine Weite gewinnen, in der die ganze Welt Platz hat – auf Christus hin geordnet«, lautet ein Kernmotto der Jesus-Bruderschaft. Kaum sonst wird das so sinnbildlich und handgreiflich zugleich wie im Gottesdienstsaal im Brüderhaus: Der ganze Saal ist rund um die Mitte, um den Altar herum angeordnet – da, wo Jesus verehrt wird. In den Bauten soll zum Ausdruck kommen, was darin lebt.

Stille Häuser, muhende Kühe

Für Bewohner und Besucher stellt dieser Ort eine Oase dar. Dahinter aber stecken viele »ausgetragene« Spannungen der »gemischten Kommunität«, meint Bruder Franziskus. Die Gegensätze konnten auch hier »durch Jesus, die Mitte«, vereint werden. In der Tat stechen die vereinten Gegensatzpaare überall im Ort ins Auge.

An der dem Dorf gegenüberliegenden Talseite, das durch einen kleinen Bach durchschnitten wird, liegen auf dem »Berg« das Brüderhaus, das »Vaterhaus« (ein Haus gemeinsamen Lebens von jüngeren und älteren Familien, Schwestern und Angehörigen) und das »Haus der Stille« mit einer kleinen Kapelle. Hier ist der Ort, an den die Kommunität sich zurückzieht zum Gebet, zur Stille, zum Hören. An diesen Ort kommen Gäste zu Einkehrzeiten oder Christen aus dem Umland zu sonntäglichen Gottesdiensten. Hier ist das stille geistliche Zentrum der Bruderschaft.

Ein Brunnen im »Haus der Stille« steht inmitten eines kreisrunden Innenhofes. Frisches Wasser wie aus einer Quelle sprudelnd und plätschernd, lädt er zum Innehalten auf den umstehenden Bänken ein. Langsam legt sich Ruhe über den Ort und die Menschen, die hier auf Gott hören wollen: »Wir möchten Raum schaffen für Gott; unseren Gästen helfen, dass in ihnen Raum wird für Gott – und nicht einfach ein Übernachtungshaus betreiben«, sagt Bruder Franziskus.

Gegenüber, auf der anderen Talseite: das Dorf Gnadenthal. Landwirtschaft, ein Ingenieurbüro, der Verlag, eine Kunstgalerie und

Buchhandlung. »Da wird gearbeitet, da klappert's, da muhen die Kühe ...« beschreibt Bruder Franziskus das pulsierende Leben. Und doch ist beides nicht scharf voneinander abgegrenzt. Vielmehr greifen die Gegensätze ineinander, bilden zusammen erst ein Ganzes.

»... und wohin wir gehen, dahin kommt nun auch der Herr«: Mit diesen Worten endet jeder Gottesdienst. Sie bilden die Grundlage für das klösterliche »Ora et labora«. Die Dorfgemeinschaft nimmt aktiv teil an den Gottesdiensten und Gebetszeiten. Die Brüder betonen ihrerseits, dass auch das Menschsein Jesu von großer Bedeutung ist – »Wir verehren den Jesus von Bethlehem über Nazareth nach Golgatha« (Oertel) –, dass Jesus die längste Zeit seines irdischen Lebens Handwerker gewesen ist – und erkundigen sich im Gespräch mit den Dorfbewohnern, wie's um ihre Arbeit steht, packen auch auf dem Feld mit an. »Gut zu arbeiten und nicht zu pfuschen, ist auch ein gutes Aushängeschild für gelingendes geistliches Leben«, sagt Bruder Franziskus über die »Spiritualität der Arbeit«.

Schonender Ackerbau und Viehzucht

Das sieht Reinhard Widmann ähnlich. Der Leiter des landwirtschaftlichen Betriebes in Gnadenthal wacht über die ökologische Bewirtschaftung von 46 Hektar Acker- und 66 Hektar Grünland, über 35 Stück Milchvieh und über 85 Mutterschafe. Neben Widmann arbeiten ein landwirtschaftlicher Mitarbeiter, ein Auszubildender, ein Landwirt im Rentenalter, der vor allem zur Sommer- und Erntezeit mit anpackt, und ein Schäfer mit dem Vieh und auf dem Land.

Bewusst betreibt die Jesus-Bruderschaft eine ökologische Landwirtschaft, verzichtet auf mineralischen Dünger und setzt stattdessen auf den guten Stallmist, lässt chemische Pflanzenschutzmittel außen vor und kauft in der Regel auch keine Futtermittel zu. Widmann setzt auf eine gesunde Fruchtfolge auf den Äckern, pflanzt abwechselnd Stickstoff sammelnde und danach Stickstoff verzehrende Pflanzen und pflanzt Feldfrüchte so, dass nicht immer die gleichen Unkräuter wachsen. In der Tierhaltung zählt die schonende längere Lebens-Milch-Leistung. Dem Schöpfungsgedanken entsprechend, will die Kommunität gesund landwirtschaften und die Schöpfung bewahren. Dabei ist der Kreislaufgedanke wichtig: Zwischen der Anzahl der Tiere und der Nutzfläche muss ein Gleichgewicht herrschen: »Wir haben nur so viel Vieh hier im Tal, wie die Felder Erträge bringen und wir Weiden haben.« Und: Die Landschafts-Architektur spiegelt den schonenden geschöpflichen Umgang. Es werden nicht die gewöhnlichen quadratischen Flächen beackert, alte Kultur- und Obstbäume wachsen auf den Wiesen. Und Gewässer verschwinden nicht in Rohren.

Über ein Umwelt-Bildungs-Angebot bringt die Kommunität diesen Gedanken auch Kindergärten, Schulklassen und Konfirmandengruppen nahe: In ein bis vier Tagen in Gnadenthal packen die Kinder handfest zu beim Stalldienst, legen Futter vor, misten aus, erfahren, wie Milch zu Butter oder Getreidekörner zu Brot verarbeitet werden, sehen, wie Schafe geschoren werden, treiben Vieh von einer Koppel auf die andere – kurz: Sie erleben hier eine für sie exotische Welt in ihrer geschöpflichen Ordnung. In der auch der Lehrer oder Pfarrer die Mistgabel schwingt.

Die Landwirtschaft ist überdies ein gutes Beispiel dafür, wie »Ora et labora« erst zusammen ein Ganzes in Gnadenthal ergeben.

Präsenz-Galerie: Kunst, die jedermann anspricht

Die Ganzheit menschlichen Lebens: Sie zeigt sich unter anderem in Gnadenthals Dorfmitte. Hier haben die »Präsenz-Galerie« und die Buchhandlung ihren Platz. Eine Kunstgalerie unmittelbar hinter und neben landwirtschaftlichen Nutzgebäuden und Ställen, das kennzeichnet den besonderen Charakter der Kommunität. Die Kunst ist ein markantes Erkennungsmerkmal Gnadenthals. Nicht wenige verbinden Gnadenthal mit den Werken des Künstlers Andreas Felger. Von Beginn der Jesus-Bruderschaft an gehört er dazu. Seit gut 40 Jahren gestaltet er künstlerisch die jeweilige Jahreslosung. Die Leiterin der Galerie, Anna-Donata Freifrau von Lerchenfeld, sieht sein Schaffen so: »Seine Bilder in den typischen kräftigen Farben vermitteln Hoffnung und Ruhe und regen zum Nachdenken an.«

»Die Erde schön zu bereiten, gehört zum Grundgedanken in Gnadenthal. Man bereitet sich auf die Wiederkehr des Herrn vor, und man versucht es schön zu machen. Die Kunst ist ein Medium, diesen Gedanken nach außen zu tragen«, erläutert Frau von Lerchenfeld.

Die in einem ehemaligen Stall untergebrachte Präsenz-Galerie, die sich durch den Kunst-Verkauf selbst und die Arbeit der Jesus-Bruderschaft mitträgt und zusammen mit einer kleinen Galerie in Tübingen drei Mitarbeiter beschäftigt, vertritt exklusiv die Künstler Andreas Felger, Jehuda Bacon und Eberhard Münch und organisiert circa 25 externe Ausstellungen jährlich in Deutschland, der Schweiz und gelegentlich in Österreich. In Gnadenthal gibt es pro Jahr drei Ausstellungen zu sehen, von denen aber in der Regel nur eine Felger-Werke zeigt. Mit seinen Holzschnitten, Aquarellen und Ölgemälden erreicht der Künstler »jedermann«, sagt Frau von Lerchenfeld: Einige sind generell kunstinteressiert, andere kennen Felger von Kunstkarten oder Ausstellungen und kommen von weit her, um sich zu erkundigen, wo der Künstler lebt. Wieder andere besuchen Gnadenthal, ohne zu wissen, dass es hier eine Galerie gibt – und bleiben an der Kunst hängen. Und es gibt die autobahngestressten Zufallsbesucher, die begeistert sind, wenn sie hier einen Zwischenstopp einlegen.

Mit seiner Kunst hat Felger nicht nur Gnadenthal eine markante Prägung verliehen, sondern inspirierte auch viele Gemeinden, deren Räume er bildnerisch gestaltet hat. Der Verlag Präsenz Kunst & Buch verlegt und vertreibt Bücher, Kalender, Kunstkarten und andere schöne Dinge aus Papier mit den Bildern der Künstler. Eine Buchhandlung vor Ort führt alle lieferbaren Produkte des Verlages und ein großes Sortiment an christlicher und allgemeiner Literatur.

Volkenroda und Hennersdorf: nicht nur für Einheit beten

Ein weiteres Beispiel für die gelebte Ganzheit menschlichen Lebens zeigt sich im Kloster Volkenroda in Thüringen. 1994 hat die Jesus-Bruderschaft die Klosterruine in Ostdeutschland erworben und als Jugendbildungszentrum wiederaufgebaut, Handwerksbetriebe mit Arbeits- und Ausbildungsplätzen eingerichtet – und erreicht, dass der »Christus-Pavillon« der großen Kirchen von der Weltausstellung »Expo 2000« hier wiederaufgebaut wurde.

Ein ähnliches Projekt läuft seit 1991 im sächsischen Hennersdorf bei Chemnitz, wo nach einer Initiative der Bruderschaft 1995 das Werk- und Studienzentrum »Alte Spinnerei« seine Arbeit aufgenommen hat. Nicht allein das Gebet für die Einheit zählt für die Bruderschaft, sondern sie geht immer wieder aktive Schritte zur Gestaltung der Einheit, auch mithilfe der speziellen Mittel der Kunst.

Nicht nur Felgers Kunst vermittelt: Komm auf das Wesentliche!

Gottesdienst: rund um den Altar angeordnet

Lass Unwichtiges weg! Rück das Gute in das richtige Licht! Lerne Schauen! Das spiegelt sich bis in die Gestaltung des Ortes und der Räume in Gnadenthal wider: Die Wände, die schmucklose Klosterkirche lassen Freiräume und erleichtern es, auch die Umgebung, die Schöpfung wahrzunehmen. In Gnadenthal findet sich alles: Kunst, ansprechende Dorfgestaltung, Liturgie, Gebetszeiten, Schöpfung – meistens entdecken alle Menschen hier irgendetwas, das sie anspricht. Mit Erstaunen stellt man fest: Es gibt in Gnadenthal keine Zerstörungen wie andernorts. Das hat auch mit der Gestaltung des Ortes zu tun. Man übt weniger Vandalismus aus, wenn man spürt: Da ist etwas Schönes, Durchlebtes, Einfaches da.

Ein alter Freund der Kommunität, der Land- und Forstwirt Albrecht Fürst zu Castell-Castell, hat einmal über das ganzheitliche Leben und die »geheiligte Atmosphäre«, den »Zusammenklang von Arbeit und Fest, von Gemeinschaft und Einkehr« in Gnadenthal geschrieben: »Da steht der Kuhstall neben der Kirche – da ist der Arbeitstag von gemeinsamen Gebetszeiten gegliedert – da ist eine naturnahe Feldwirtschaft zugleich der Erholungsraum für Menschen, die Ruhe und Orientierung für ihr Leben suchen.« Günter Oertel hat es einmal so schön wie treffend ausgedrückt: »Das weckt in den Menschen die Sehnsucht nach dem Göttlichen.«

Jesus-Bruderschaft Gnadenthal

»Haus der Stille«; Sr. Elfriede Popp
Gnadenthal, 65597 Hünfelden
Tel. 0 64 38/81-3 72; Fax 0 64 38/81-3 77
E-Mail: pforte@jesus-bruderschaft.de
www.jesus-bruderschaft.de

Die Ordensburg in der Heide

Das Geistliche Rüstzentrum Krelingen

Freundestag in der Glaubenshalle

»Die Bibel«, erklärt die mittlerweile gut 80-jährige alte Dame, »steht hier immer im Mittelpunkt. Das und die vielfältigen Begegnungen bringen einen im persönlichen Glauben enorm weiter!«

Viele hier haben zwar noch nicht das hohe Lebensalter von Eleonore von Behr erreicht, aber sie würden das Gleiche sagen. Die bunte Menschenschar, die auf dem 24 Hektar großen Gelände lebt und arbeitet, umfasst noch elf weitere Senioren, mehr als 30 Theologiestudenten, bis zu 80 Rehabilitanden, die mit Drogen- und psychischen Problemen kämpfen, und rund 100 Mitarbeiter, die in der Rehabilitationsarbeit, in Tagungs-, Gäste- und Wohnhäusern, einer Gärtnerei, einer Tischlerei, einem Buchladen, der theologischen Ausbildung sowie in Verwaltung und Hauswirtschaft beschäftigt sind. Aus einem einzigen Gästehaus ist in gut 40 Jahren ein umfangreiches Gebäude-Ensemble mit einer Reihe Wirtschafts-, Freizeit-

und Mehrzweckhäusern, einem Reiterhof, Spiel- und Sportmöglichkeiten, einer Kirche und einem großen Veranstaltungsgebäude, der bis zu 3 000 Besucher fassenden »Glaubenshalle«, entstanden: das Geistliche Rüstzentrum Krelingen, im Süden der Lüneburger Heide gelegen, unweit vom Vogelpark Walsrode.

1946: der erste »Ahldener Jugendtag«

Die Geschichte des »Rüstzentrums« beginnt eigentlich unmittelbar nach dem Zweiten Weltkrieg. Da sammelt Heinrich Kemner, Evangelist mit einem brennenden Herzen für Erweckung und Pfarrer in der lutherischen Gemeinde des Heidedörfchens Ahlden, junge Erwachsene um sich; 1946 findet der erste »Ahldener Jugendtag« statt. Es kommen einige Hundert Leute, aber die Zahl der Besucher soll im Laufe der Jahre auf mehrere Tausend ansteigen. In manchen Jahren kommen ganze Busladungen voller Menschen; aus Ostwestfalen, aus dem Rhein-Main-Gebiet, sogar aus Bayern rollen Gäste an. Sie sitzen »von morgens 9 Uhr bis nachmittags 17 Uhr unter der Verkündigung des Gotteswortes«, schreibt Kemner. Die Jugendtage entwickeln eine immense Anziehungskraft. »Die erlebten hier eine mitreißende Atmosphäre, die sie aus ihren kleinen Heimatgemeinden gar nicht kannten«, erinnert sich Hartmut Lauter (63), langjähriger Leiter der Krelinger Reha-Arbeit und schon damals in Ahlden dabei. Mit Fahrrad oder Moped kommen die Leute aus dem weiteren Umkreis. Die Verhältnisse auf der Zeltwiese beim Jugendtagsplatz sind spartanisch: Die jungen Leute holen ihr Wasser zum Waschen und Kochen aus der Pumpe vom Friedhof nebenan, sitzen auf »Bänken« aus aufeinandergeschichteten Backsteinen und einem rohen Brett darüber; Konfirmanden sammeln im Dorf Gemüse für den Jugendtags-Eintopf ...

Aber die jungen Erwachsenen nehmen das in Kauf, erleben sie doch bei den Predigten Kemners oder Rednern wie dem Essener Jugendpfarrer Wilhelm Busch einen erwecklichen Aufbruch: Viele erfahren eine persönliche Lebenswende. Überall auf dem Jugendtagsgelände stehen Wohnwagen, in denen nahezu pausenlos seelsorgerliche Gespräche stattfinden. Und alle werden spätestens dann in ihrem Glauben bestärkt, wenn Kemner die Besucher wie mit einem Fanfarenstoß mit einem dreifachen »Geh, geh, geh!« auf den Heimweg schickt, damit sie im Alltag Zeugnis für ihren Herrn sind.

Fast schon sprichwörtlich sind die »Wetter-Wunder« des Jugendtags geworden: Während es im weiteren Umkreis regnete, so die Erzählungen, stand über dem Festgelände ein Sonnenkegel. Angeblich legten auch einige Schützenvereine der Gegend ihre alljährlichen Schützenfeste auf den Jugendtagssonntag nach Pfingsten. Tatsache ist, dass kein einziger der über 50 Open-Air-Jugendtage je ins Wasser gefallen ist ...

Die großen Treffen waren aber längst nicht alles. Viele wollten eine Vertiefung ihres Glaubens und nahmen an Jugendfreizeiten teil, die im Ahldener Pfarrhaus und später in einer umgebauten Scheune stattfanden. Heinrich Kemner versuchte den jungen Leuten in dem 200 Jahre alten Bauernhaus das Gefühl der Geborgenheit zu vermitteln. Von einer großen Diele gingen ringsum Türen in die einzelnen Räume ab. Der bedeutsamste war ein unscheinbarer Raum: Kemners Seelsorgezimmer. Ungezählte junge Christen kamen zur Beichte und erhielten Vergebung zugesprochen.

Hartmut Lauter: »Die Verhältnisse damals waren sehr einfach. Aber wir haben uns nicht sehr daran gestoßen, weil Gottes Geist in diesen Freizeiten wirkte.«

Schon zu dieser Zeit aber sprach Kemner immer wieder von seiner Vision einer »Ordensburg«, die er bauen müsse.

Lebenswerk ab 65

So beginnt denn die unmittelbare Geschichte des »Rüstzentrums« erst 1965. Damals erwirbt Kemner mit seiner Frau Margarete von Spenden einen kleinen Hof in dem 600-Seelen-Dorf Krelingen, in dem er selbst seit 1959 lebt. 1903 geboren, hat Kemner zu dieser Zeit nach menschlichem Ermessen einen Großteil seines aktiven Lebens hinter sich. 1969 wird er pensioniert. Doch sein Weg ist damit noch lange nicht zu Ende.

»Ich ahnte nicht, dass Gott mir hier die Erfüllung meines Lebens schenken würde«, schreibt Kemner über den Wechsel in den Un Ruhestand. Hartmut Lauter zufolge ist der Umzug nach Krelingen »zunächst nur ein Ortswechsel« gewesen. Ob die Jugendtage, jetzt auf dem Festgelände »Unter den Eichen«, die Freizeiten in dem 1965 erworbenen und unter tatkräftiger Mithilfe der Jugendlichen umgebauten Bauernhaus und in den 1968/69 erbauten ersten Gästehäusern: Alles ging erst mal einfach nur weiter.

Aber dann startete Gott mit dem alten Mann, Abraham ähnlich, den späten Aufbau eines Lebenswerks. Neben seinem evangelistischen Hauptmotiv waren wohl zwei Faktoren dafür entscheidend: »Seine Leidenschaft, auf die Menschen ›in der letzten Reihe‹ zuzugehen« (Lauter) und die »Sehnsucht des Evangelisten nach der Konkretisierung des Christenlebens an einem bestimmten Ort«, wie Pfarrer Wilfried Reuter, Kemners inzwischen selber pensionierter direkter Nachfolger als Leiter des Geistlichen Rüstzentrums, es ausdrückt.

Kemner war immer wieder in Kneipen, hat mit Leuten geredet, auch vor Einsätzen auf der Reeperbahn in St. Pauli schreckte er nicht zurück. Am besten zeigen sich seine Überzeugungen bei einer Begebenheit, von der Reuter und Lauter unisono berichten: Einmal bringt Kemner nach einer Hamburg-Fahrt spontan zehn junge Drogen- und Alkoholabhängige mit nach Ahlden. Die jungen Nichtchristen sollten das Glaubensleben in einer Gemeinschaft kennenlernen. Aber das »Experiment« (Lauter) schlug fehl: Die Nichtchristen aus der Großstadt trafen auf die Christen aus der ländlichen Provinz – das »hätte die Jugendgruppe fast gesprengt«, erzählt Lauter.

Aber bei der Silvesterfreizeit 1971/72 tat sich Entscheidendes; in einer Zeit der gesellschaftlichen Enttäuschungen und des Umbruchs gerade unter jungen Leuten, als auch im Gemeindeumfeld manche in die Drogenszene rutschten, andererseits viele »Junkies« auf der Suche nach Auswegen auch in christlichen Gruppen auftauchten. An dieser Freizeit nehmen mehrere Drogenabhängige teil. Das geplante Programm muss gekippt werden. Viele der jungen Christen übernehmen unter Kemners Leitung Verantwortung, beten in spontan entstehenden Gebetsgemeinschaften darum, dass die Abhängigen den Ausstieg finden. Und das Wunder geschieht: Eine Reihe von ihnen werden Christen, können sich von den Drogen befreien, berichten zum Teil freudestrahlend von radikalen Lebenswenden.

Rehabilitation: ein Krelinger Flaggschiff

Wie aber soll es nach dieser Freizeit weitergehen? Zwei bekehrte Ex-Abhängige suchen nach den gemeinsamen Tagen Hilfe für ein drogenfreies Leben – und fragen ganz konkret, ob sie in der Krelinger Gemeinschaft mitleben dürfen. Sie dürfen – und üben sich fortan im praktischen Lebensalltag ein, nehmen an den regelmäßigen Bibelarbeiten teil, führen viele persönliche Gespräche und nehmen intensiv Seelsorge in Anspruch.

An dieser Grundstruktur hat sich bis heute nichts geändert, erklärt Hartmut Lauter. Nach außen erlebte die Rehabilitation in den zurückliegenden Jahren eine rasante Entwicklung. Schon 1972 wurde der heutige »Glaubenshof« gekauft und zum Therapiehaus umgebaut. Mit dem »Waldhaus« (1981), dem »Teichhaus« für die psychische Rehabilitation (1984), dem »Hof Birkengrund« (1985) und dem »Heidehaus« (1998) wuchs die Krelinger Arbeit für drogenabhängige und seelisch angeschlagene Menschen, die über die Jahrzehnte mit der einhergehenden Professionalisierung zu einem »Flaggschiff« (Reuter) geworden ist. Als sinnvolle Ergänzung der therapeutischen Arbeit folgte 1992 die Einrichtung einer überbetrieblichen Ausbildungsstätte, in der die Rehabilitanden in vier Berufsfeldern (Tischler, Gärtner/Florist, Hauswirtschaft und Bürokaufmann) wertvolle Erfahrungen für die Zeit nach ihrem Aufenthalt in Krelingen sammeln können.

»Wir müssen was für die Studenten tun!«

Schon in Ahlden hatte Heinrich Kemner es häufig gesagt: »Wir müssen was für die Studenten tun!« Er sah die liberalen Strömungen in die Theologenausbildung einbrechen und durch die damit verbundene »Retuschierung der Sünde« seine erweckliche Arbeit, deren zentrale Elemente Sündenerkenntnis, Buße und Bekehrung waren, infrage gestellt. Hier in Krelingen konnte er die lange gehegte Vorstellung von einer eigenen Theologen-Ausbildung in die Tat umsetzen. Und die Nachfrage war groß: Obwohl das Geistliche Rüstzentrum nur ein theologisches und religionspädagogisches Vorstudienjahr mit einem Schwerpunkt auf den Sprachen Griechisch und Hebräisch und darauf aufbauend ein theologisches Grundstudienjahr anbietet, haben mehr als 1000 junge Christen bis heute die Ausbildung durchlaufen; zwei eigene Studentenhäuser und ein Mehrzweckhaus für die Studienarbeit sind gebaut worden. Das Anliegen Kemners ist über die Jahrzehnte unverändert geblieben: Die Studierenden sollen in den maximal zwei Jahren ein »begründetes Vertrauen in die Bibel« entwickeln und danach »stand- und sattelfest im Glauben« an die Uni gehen.

Mehr noch als über die Lehrinhalte geschieht das über die gelebte geistliche Gemeinschaft der Generationen am Ort Krelingen. Die Verantwortlichen haben eine Vielzahl an Begegnungsmöglichkeiten geschaffen, allen voran die »Studentenandacht«. Von montags bis freitags ist morgens um halb acht die ganze Krelinger »Großfamilie« in die Kirche des Zentrums eingeladen, wo die Studenten reihum einen kleinen Gottesdienst gestalten. Die Studierenden schätzen die »familiäre« Atmosphäre und das »Lernfeld des gemeinsamen Lebens«: von den Gottesdiensten und morgendlichen Andachten über regelmäßige Gebetstreffen bis zu praktischen Einsätzen in Gemeinde- und Jugendgruppen.

Und weil viele ehemalige Krelinger Studenten und heutige Pfarrer mit ihren Gemeinden über die Jahre das Rüstzentrum immer wieder besuchen, wächst die Krelinger »Familie« beständig. Der große Freundeskreis stützt das Krelinger Selbstverständnis, wonach das Zentrum als »Werk mit biblisch-evangelistischem Profil« in der Landeskirche wie in der evangelikalen Bewegung wahrgenommen wird.

»Jugendtage«: große geistliche Dynamik

Im Jahr 1973 zog der Ahldener Jugendtag endgültig nach Krelingen um. Allerdings: Schon in Ahlden waren es keine wirklichen Jugendtage mehr. Es waren eher »regionale Gemeindetage mit einem gemischten Publikum«, erzählt Lauter – ein Treffen Krelinger Freunde, die mit Kemner älter wurden. Auch das blieb in Krelingen unverändert – wie die großen Posaunenchöre, die auf dem angestammten Jugendtagsbild nicht fehlen durften. Untrennbar mit diesem Bild verbunden sind auch die großen Zahlen. Bis zu 12 000 Menschen sollen sich nach Kemners Angaben alljährlich unter den Eichen versammelt haben. Abgesehen davon, dass »die hier niemals alle hingepasst« hätten (Öffentlichkeits-Referent Henry Wilker) und Kemner »kein rechtes Verhältnis zu Zahlen« hatte: Entscheidend war die »geistliche Dynamik, die von den Tagen ausging« (Lauter), die Menschen zum ersten Mal einen Anstoß zum Glauben gab oder die Christen in ihrem Glauben ermutigte und Tausende in ihrer Begeisterung für Jesus mitriss.

Es offenbarte sich hier ein Stück der vielschichtigen Persönlichkeit Heinrich Kemners, die einem in allen Erzählungen immer wieder begegnet: Wer ihn nur oberflächlich kannte, war in der Regel begeistert von der mitreißenden Persönlichkeit; wer ihn besser kennenlernte, war »gegebenenfalls schockiert« von ihm, der »durch drei geschlossene Türen reden« und äußerst ungeduldig und bärbeißig im zwischenmenschlichen Umgang sein konnte, sagt Hartmut Lauter: Und wer ihn noch besser kennenlernte, »erkannte den diamantenen Kern des Glaubens in ihm, auch wenn man sich an dem ›irdenen Gefäß‹ stoßen konnte«.

Eine Fliehburg zum Schutz der Gemeinde

»Kemner glaubte fest daran, dass die endzeitliche Gemeinde sich in Krelingen versammelt«, erzählt Wilfried Reuter. In dem Maße, wie ungeistliche Strömungen in die Volkskirche Einzug hielten, sollten Christen im Rüstzentrum geistliche Heimat finden. Wie in alten

Ritterorden, wollte Kemner die oft erwähnte »Ordensburg« aufrichten, wo Pfarrer und Christen, die in ihrer Kirche unverstanden sind, hinfliehen können und biblische Orientierung bekommen. Dies ist auch der tiefste Grund für den teuren Bau der 1989 eingeweihten Glaubenshalle. Gelegentlich erschien das voluminöse Gebäude den Verantwortlichen als ein »weißer Elefant« (Reuter). Aber nicht nur, weil die Halle das Jahr über für größere Veranstaltungen genutzt wird, denken sie inzwischen mit Überzeugung anders. Einmal, weil die Halle »*erglaubt* ist von Gott und seinen Leuten«. Und sie ist verknüpft mit der Vision des Gründers, der die Nachfolgegeneration auch gelehrt hat, dass die rein wirtschaftliche Berechenbarkeit und »Kalkulierbarkeit eines Glaubenswerkes ein Widerspruch in sich« ist. Das Werk Krelingen soll nicht zu einer erstarrenden Institution werden, sondern geistlich in Bewegung bleiben.

In den zurückliegenden Jahren gab es einiges, was in Bewegung gehalten hat im Geistlichen Rüstzentrum: etwa die nicht ganz billigen, aber notwendigen Bauten im Gästebereich und für die Werksgemeinde (zu der viele Christen aus der Region kommen). Oder die vor Jahren unumgänglichen Umstrukturierungen in der Jugendarbeit, wo mit dem jährlichen Jugendfestival »BAM«, dem monatlichen zeitgemäßen Jugendgottesdienst »Cross Point« oder der Einstellung eines Jugendreferenten wichtige Schritte gegangen wurden.

Mit der Einrichtung eines »Freundestages« für die langjährigen Krelinger Freunde jedes Jahr im September tragen die Verantwortlichen dem veränderten Gesicht der ehemaligen »Jugendtage« Rechnung. Mit Familien- und Frauentagen wollen sie zugleich eine Verjüngung des Freundeskreises und den Übergang in die nächste Generation schaffen. Und auch inhaltlich geht man neue Wege, wie etwa das vor einigen Jahren aufgenommene Krelinger Engagement in der ADS-Arbeit (Krankheitsbild »Aufmerksamkeits-Defizit-Syndrom«) sowie die Tagesstätte für Menschen, die extern wohnen und in der Krelinger Einrichtung betreut werden, oder die Kunstausstellungen im 1999 eingeweihten, nach der gleichnamigen Kieler Malerin benannten »Knoop-Schellbach-Haus«.

In Glaubenserwartungen wach bleiben

Der Pionier Heinrich Kemner hat das Leitungsamt im Geistlichen Rüstzentrum bis zu seinem Lebensende unmittelbar vor seinem 90. Geburtstag innegehabt. Seine Nachfolger sehen keine derartige lebenslange Beauftragung. Auch wenn Wilfried Reuter beispielsweise seine Berufung sein Leben lang eindrücklich in Erinnerung behalten wird: »Heinrich Kemner hatte mich schon in den 80er-Jahren gedrängt: Ich müsste unbedingt nach Krelingen kommen. Kurz vor seinem 90. Geburtstag 1993 besuchten wir dann den alten Mann, um seine Lebensleistung zu ehren. Dabei sagte er: ›Wenn ich dann 90 werde, Wilfried, dann hältst du den Gottesdienst morgens – und nachmittags in der Halle stelle ich dich der versammelten Gemeinde vor als meinen Nachfolger.‹ Das war Heinrich, der polterte und posaunte ... Aber als das Gespräch beim nächsten Mal darauf kam, wurde er plötzlich ganz still. Und sagte: ›Ich seh jetzt, es kommt ganz anders: Am 19. Juni bin ich beim Herrn – und du machst es!‹ Und am 19. Juni, seinem Geburtstag, haben wir ihn zu Grabe getragen ... Das war schon eine prophetische, ganz dichte,

Geistliche »Ordensburg«: die Glaubenshalle

ungewöhnliche, vollmächtige Art der Berufung, wie ich das nie vorher erlebt habe. Wenn es anders gewesen wäre, hätte ich das Amt wohl gar nicht angetreten oder wäre angesichts der Probleme nach drei, vier Monaten wieder gegangen.«

Aus der Erfahrung seiner 10-jährigen Leitungsaufgabe, die 2003 endete, formuliert Reuter einen Wunsch, für sich wie für Krelingen. Er lautet: »Immer auf der vorderen Stuhlkante zu sitzen und in Glaubenserwartungen wach zu bleiben«.

Sein Nachfolger, Pastor Kai-Uwe Schroeter (41), der die Arbeit seit 2004 führt, ergänzt: »Es ist mein Gebet, dass Krelingen auch in Zukunft der Gemeinde Jesu dienen darf. Menschen sollen an Leib und Seele gesunden, Angefochtene im Glauben gestärkt und junge Menschen für die Verbreitung des Evangeliums ermutigt und zugerüstet werden.«

Geistliches Rüstzentrum Krelingen

Henry Wilker,
Öffentlichkeitsarbeit & Veranstaltungsorganisation
29664 Walsrode;
Tel. 0 51 67/9 70-1 32; Fax 0 51 67/9 70-1 60
E-Mail: Henry.Wilker@grz-krelingen.de
www.grz-krelingen.de

Ein Berg speit Feuer um die Welt

Der »Missionsberg« der Liebenzeller Mission im Nordschwarzwald

Missionshaus der Liebenzeller Mission

Eine dramatische Szene: Im Bett liegt ein junger Mann, 29 Jahre alt, mit einer rätselhaften Krankheit im Koma, dem Tode nah. Daneben ein 70-jähriger Mann, der kniend für den Kranken nach Jakobus 5 betet und mit Gott ringt: »Lass mich sterben, aber den jungen Missionar leben!«

Gott hat das Gebet nur zur Hälfte erhört damals, vor knapp 50 Jahren: Der junge Mann, Ernst Vatter, ist heute mit fast 80 älter geworden als sein Für-Beter (der anschließend noch einige Jahre lebte). Er wurde nach dieser lebensbedrohlichen Situation Leiter der Missionskommission der Weltweiten Evangelischen Allianz, hat 20 Jahre lang als Vorsitzender die deutsche Arbeitsgemeinschaft Evangelikaler Missionen (AEM) mitgeprägt und war seit 1967 auch in der Leitung der Glaubensgemeinschaft auf »dem Berg« in Bad Liebenzell. Der Berg ragt hinaus über das kleine Städtchen im Nordschwarzwald und beherbergt seit 105 Jahren die Liebenzeller Mission (LM). Der »Missionsberg« ist die Heimat eines der größten Missionswerke in Deutschland. Rund 240 LM-Mitarbeiter sind in 26 Ländern aktiv. Zum Werk gehören außerdem eine Schwesternschaft mit rund 200 Mitgliedern und ein theologisches Seminar mit gegenwärtig 110 jungen Frauen und Männern. Die Mission ist eingebunden in den Verbund dreier Gemeinschaftsverbände sowie zweier Landesverbände des Jugendverbandes »Entschieden für Christus« (EC).

Für Ernst Vatter hat der Missionsinspektor Heinrich Hertel, der damals sein Leben für ihn eintauschen wollte, »Liebenzell« verkörpert wie kein anderer. Er gehörte zum Drei-Männer-Kollegium, das die LM zwischen 1959 und 1962 leitete, und war ein leidenschaftlicher Beter: »Oft hat er mit dir an Ort und Stelle gebetet, wenn du ihn auf dem Missionsberg getroffen hast und ein besonderes Anliegen hattest.« Außerdem besaß er starken Glaubensmut und handfeste Visionen, die deutlich wurden etwa in seiner Idee des »Pfennig-Segens«: Die Arbeit unter den Armen in Japan brauchte dringend eine kräftige Unterstützung. Wie aber zusätzliche Mittel beschaffen? Hertels Vorstellung: Möglichst viele Freunde der Mission spenden einen oder ein paar Pfennige – und schon sehr bald ergoss sich ein breiter Pfennig-Strom nach Fernost: ein Segen für die Obdachlosen-Arbeit.

Gebet für den »feuerspeienden Berg«

Seit 105 Jahren erleben die Mitarbeiter der LM auf solche und ähnliche Weise handgreiflich das Einwirken Gottes. Eigentlich begann es schon vor der Gründung der Mission: Schwester Lina Stahl von den Stuttgarter Diakonissen, denen das Haus der »Schlayerburg« ein wenig unterhalb des heutigen Missionshauses gehörte, betete als neue Hausmutter im Herbst 1891: »Herr, mache aus diesem Berg einen ›feuerspeienden Berg‹!« Sie wünschte sich brennend, dass »das Feuer Gottes« von diesem Berg aus in alle Welt verbreitet würde. Schwester Lina musste noch mehr als ein Jahrzehnt all ihren

Glauben zusammennehmen, denn bis 1902 tat sich dem Augenschein nach erst einmal gar nichts ...

Im fernen Hamburg ging im November 1899 die Repräsentanz des drei Jahre zuvor gegründeten Zweiges der China-Inland-Mission (CIM) auf Pfarrer Heinrich Coerper über; strategisch der richtige Heimatstandort. Schon im Dezember wurde der erste Missionar nach China entsandt, 1900 begann die Missionsarbeit offiziell. Aber Ende 1901 geriet der Fortgang ins Stocken: Der Mission wurde das Haus gekündigt, und trotz intensiver Suche fand sich kein bezahlbares Domizil. In dieser Situation entspann sich ein Briefwechsel zwischen Coerpers Frau Ruth und der immer noch in Bad Liebenzell betenden Schwester Lina. Sie warb eindringlich für einen Wechsel in den Schwarzwald. Aber Heinrich Coerper tat sich schwer: Ein China-Missions-Werk fernab der See oder anderer wichtiger Verkehrsknotenpunkte? Noch dazu zeichneten sich gerade für die ersten Jahre der deutschen CIM die später tatsächlich auftretenden Probleme mit schon etablierten Missionen und Kirchengemeinden und Gemeinschaften ab, die das fremde Werk kritisch beäugten und teilweise sogar feindselig reagierten – bis der württembergische König nach einem Besuch 1904 in einem Erlass ein Machtwort sprach: »Man soll aufhören, die Mission zu drücken.«

Vom geschenkten »Berg« nach China

Aber zuvor war ein anderes Problem zu lösen: die Finanzen. Die hohe Pachtgebühr war nur bezahlbar, weil eine Freundin Lina Stahls, die Heinrich Coerper von früher kannte und als »geistlichen Vater« bezeichnete, zur Gönnerin der Mission wurde: Hilda von Diest, Frau eines Generalleutnants und Erbin eines größeren Vermögens. Sie übernahm 1902 einen großen Teil der Pachtsumme und kaufte im Folgejahr den gesamten Missionsberg, um ihn der Mission zu einem äußerst geringen Preis zu verpachten. Mit dieser finanziellen Unterstützung konnte die Missionsfamilie im April 1902 in das erste Haus, die »Villa Lioba«, einziehen.

Im Mai 1918 verkauften sie schließlich das ganze Anwesen an das

1906 in »Liebenzeller Mission« umbenannte Werk: Der Kaufpreis sollte dadurch getilgt werden, dass sich die Mission verpflichtete, »in den Kaufobjekten Missionszöglinge für die Heidenmission auszubilden« ... Zwei starke fromme Frauen wurden so zu nicht unerheblichen Entwicklungshelfern der Mission.

China wurde nach 1902 zum ersten großen Missionsfeld. Weil die Zahl der Missions-Azubis zunahm, beantragte Coerper bei der CIM für die Liebenzeller Mission ein eigenes Missionsgebiet. Im Jahre 1905 musste die LM der wachsenden Zahl der Missions-Kandidaten Rechnung tragen und begann mit dem Bau des Missionshauses, das im April 1907 eingeweiht wurde und nach vier Erweiterungen (1935, 1962, 1983, 1986/87) bis heute ein wesentliches Kerngebäude auf dem Missionsberg ist.

Schon früh ist Heinrich Coerper gefragt worden, ob für all diese Arbeit und die Bauten das Geld vorhanden sei. »Freilich ist es vorhanden«, antwortete er, »ich erwarte, dass der Heiland mir vom Vorhandenen das Nötigste aushändigt.« Das war oft genug sehr wenig. Eine frühe Spenderliste weist mal eine Gabe von 20 Mark, mal von 50 oder 10 Pfennig aus. Auch »Naturalien« und »Schmuck« werden gegeben: ein Korb Gurken, ein Schinken, zwölf Schlipse, sechs Hosenträger, goldene Ringe, Broschen, goldene Manschettenknöpfe, ein Suppen-, sechs Esslöffel und eine Uhrkette.

Ein globales Band über 26 Länder

Nachdem die LM in China Fuß gefasst hatte, weitete die Arbeit sich auch in andere Länder aus. Nicht in konzentrischen Kreisen, sondern in Sprungbewegungen dorthin, wo die Missionsleitungen und Missionare sich von Gott geführt sahen. Das mehr als ein Jahrhundert lang durchgehaltene Prinzip lautet, in den Worten von Ernst Vatter: »Nichts selber suchen, sondern von Gott zeigen lassen.«

Zur nächsten Station Südsee wurde die LM durch den EC-Jugendverband geführt, der auf der Insel Ponape 1905 die EC-Südsee-Mission begründet hatte, aber schon im folgenden Jahr dringend Verstärkung brauchte. Weil Coerper schon vor seiner Zeit als Missionsleiter gute Kontakte zum EC pflegte, schickten die Liebenzeller 1906 einen Lehrer und einen Missionar nach Ponape; 1907 übernahmen sie die Arbeit ganz.

So setzte sich das trotz aller Rückschläge durch Weltkriege, internationale Spannungen und Krisenzeiten hindurch fort. Ins »Land der aufgehenden Sonne« kam die LM beispielsweise letztlich, nachdem die Japaner in einem feindlichen Akt 1914 die Kolonien in der »deutschen Südsee« besetzten und die Missionare zwischenzeitlich gar internierten. Andersherum ging es in China: Nach Maos Machtübernahme senkte sich ab 1952 der »Bambusvorhang« und die Missionare waren gezwungen auszureisen. Die geistliche Situationsanalyse der Missionsleitung führte zu dem Gebet: »China ist zu, die Südsee ist begrenzt, in Japan haben wir angefangen – Herr, zeig uns neue Missionsfelder!«

Und das tat er: Nach Bangladesch wurde die LM geführt, weil die Weltfirma Siemens zu wenig Bedienungspersonal für die verlangten Röntgenapparate hatte. Im afrikanischen Malawi baute die LM eine Bibelschule, nachdem ein aidsinfizierter Laienprediger bei einem Besuch in London Kontakt mit Ernst Vatter aufnahm. In Ecuador begann die Mission ihre Arbeit, nachdem eine deutsche Frau im Nachbarland Kolumbien nach dem Tod ihres Mannes dem Werk ihre Hacienda vermachen wollte. »Bei allem war es der Herr, der die Türen aufgemacht hat«, staunt Vatter.

Heute spannt sich das globale Band über 26 Länder von China über Japan, die Südseeinseln, Bangladesch und Russland bis nach Afrika, Europa, USA und Kanada – mit einem starken Standbein auch im Missionsland Deutschland: Neben Gemeinde-, Kinderwochen- und evangelistischen Einsätzen, die die LM schon lange betreibt, hat die Heimatmission erst 2002 mit einem Ehepaar in Neubrandenburg die pioniermissionarische Arbeit im Inland aufgenommen.

Ernst Vatter, seit 1947 – mit Ausnahme seiner zwölf Missionsjahre in Japan – auf dem Liebenzeller Missionsberg heimisch, erklärt »Glaube, Gebet und Hingabe« zu den wesentlichen Kennzeichen: »Das hat von Beginn an den Alltag hier auf dem Berg bestimmt. Und wir müssen heute genauso glauben, beten und auch

Opfer bringen wie unsere Vorgänger. Wenn das nicht mehr im Gleichklang ist, dann zerbricht ein Werk.«

Geschichte mit Menschen

Die äußere Geschichte des Werkes verläuft parallel zu den Glaubens- und Lebensgeschichten seiner Mitarbeiter, die ganze Bücher füllen: Auf dem Berg schreibt Gott Geschichte mit Menschen.

Eindrücklich erzählt etwa Detlef Krause, seit Pfingsten 2003 neuer Direktor, von einer Verabredung, die er als Missionar in den 80ern mit einheimischen Ältesten in Papua-Neuguinea getroffen hat: »Wie lange denkst du, dass du auf Manus bleibst?«, hatten sie ihn gefragt. »Bis eure Kirche den ersten Missionar ins Ausland entsendet«, war seine Antwort. »Und als ich nach Liebenzell zurückging, ist der erste Missionar entsandt worden ...« Dass Krause, der heute das Gesamtwerk führt, überhaupt in Liebenzell ist, ist eine von Gottes langen, zielgerichteten Wegführungen: Als Mitarbeiter beim Deutschen Entwicklungsdienst geriet er 1974 in Peru bei einer Klettertour in Lebensgefahr und erlebte eine dramatische Rettungs- und Bekehrungsgeschichte. Bevor er gerettet wurde – weil er einen Weg »gesehen« hatte, den es gar nicht gab –, hatte er Gott flehend versprochen, in seinen Dienst zu treten, »wenn du mich hier rausholst ...« So begann sein Weg in der Liebenzeller Mission, den er sich nie hätte träumen lassen.

Anders, aber mit ähnlichen Zügen, erging es seinem Vorgänger als Direktor, dem im Juni 2003 nach mehr als 10-jähriger Amtszeit als »Seelsorger mit fröhlicher Frömmigkeit« verabschiedeten Hanspeter Wolfsberger. Zwar war er in einer Liebenzeller Gemeinschaft Christ geworden, aber bis zu seiner Berufung 1992 hatte der badische Pfarrer »seltenst und wenn, dann konflikthaft« Berührung mit Liebenzell: »Ich kam mit dem theologisch engen Kurs nicht zurecht.« Auch in den ersten Jahren im neuen Amt machte ihm die stark gesetzlich geprägte Theologie zu schaffen, »die mit der einen Hand die Zusagen Gottes hinhält, sie aber mit der anderen gleich wieder nimmt«.

Erst nach einem Zusammenbruch und der Einsicht, dass er selber trotz biblisch-reformatorischen Glaubens und Lehrens ein leistungsorientiertes »Vor-Gott-recht-sein-wollen-Christsein« gelebt hatte, findet er durch Gott die Kraft zu einer echten theologischen Veränderung. Unterstützt von der Missionsleitung, zu der 1995 Dr. Heinzpeter Hempelmann stieß (der 2006 von Dr. Volker Gäckle abgelöst wurde), gelang es auf dem Missionsberg, das »Christsein weniger vom Menschen, sondern mehr von Gott her zu begreifen«; Leben aus der Gnade wurde zum entscheidenden Schlüsselbegriff, freut sich Wolfsberger: »Die Missionsleitung ist heute das fröhlichste aller Gremien, die ich kenne.«

Vielfach hat er den Missionsberg in seinen Jahren als einen Ort des Glaubens erfahren, eine tiefe Achtung vor den Missionsschwestern gewonnen, die manchmal »mit der Erwartung kommen, in die Weltmission zu gehen – und dann 40 Jahre in der Näherei arbeiten und das glaubend bejahen, weil Weltmission eine Heimatstation braucht«. Daneben hat er bis zuletzt »ein ganz anderes Lebensgefühl« erfahren, weil »jeder Euro ein geschenkter Euro« ist. Oder: Missionare kommen mit unbekannten Krankheiten heim, keine Klinik kann sie heilen, sie liegen da auf Leben und Tod – und die Missionsleitung unterbricht Sitzungen, geht auf die Knie und betet für den kranken Missionar oder sie betet nach Jakobus 5 über dem Kranken – und erlebt von Gott geschenkte Heilungen.

»Erstaunt und dankbar« ist er auch, dass das Werk »da seit über 100 Jahren am Berg klebt«, während gleichzeitig »zig Wirtschaftsunternehmen im Nordschwarzwald dichtgemacht« haben. »Niemandem etwas schuldig sein«, heißt seit Heinrich Coerper das (finanzielle) Grundprinzip, das die LM bis heute eisern beibehält. 11,8 Millionen Euro umfasst der aktuelle Haushaltsplan, der im Wesentlichen von Spenden abgedeckt wird.

Glaubens-, Lebens- und Lernschule

Praktisch von Beginn an war die Mission auch verzahnt mit einer theologischen Ausbildung, anfangs als biblische Zurüstung für die

Missionskandidaten, nach dem Zweiten Weltkrieg zunehmend breiter aufgefächert und heute konzipiert als »Glaubens-, Lebens- und Lernschule« mit einer fünfjährigen Ausbildung am Theologischen Seminar, das im 1995 eingeweihten »Missions- und Schulungszentrum« angesiedelt ist. Die Studierenden, die seit 1998 einen über die englische Universität Middlesex international anerkannten Studienabschluss machen können, lassen sich hier zum hauptamtlichen Dienst in der äußeren Mission oder in Gemeinschaften im Inland ausbilden. Der Studienabschluss war nötig geworden, nachdem immer mehr Länder der Dritten Welt einen solchen Abschluss zur Bedingung zum Arbeiten im Land gemacht hatten. Fast gleichrangig daneben besteht das Konzept der Glaubens- und Lebensschule, die sich in der Christengemeinschaft auf dem Berg vollzieht und bei der die Reifung als Persönlichkeit und Christ im Vordergrund steht. Darum sind die Dozenten nicht nur Stoffvermittler, sondern Begleiter, Mentoren, Partner. Das Gebet, die Hinwendung zu Gott in allen Lebenslagen spielt bei allem eine entscheidende Rolle. Einmal wöchentlich treffen sich alle Mitarbeiter der Büros, Handwerker und Studierende zur »Chapelhour«, um dringende Anliegen und Dank vor Gott zu bringen.

Nach gut 100 Jahren staunen die langjährigen Leiter, wie viele handfeste Glaubenserfahrungen sie auf dem Berg und an den Glaubensorten der äußeren Mission gemacht haben. Auf den hohen Rang der Einbindung der Arbeit in eine Ortsgemeinde verweist Ernst Vatter: »Mission ist ein Zweig der Gemeinde. Sie ist die Sendende, die Missionsgesellschaft ist das Werkzeug dazu. Sonst weiß ich nicht, wie das biblisch haltbar sein soll.«

Direktor Detlef Krause »will gerne träumen«. Er hat den »großen Wunsch, dass Gott in Deutschland ein neues Erwachen schenkt und die Liebenzeller Mission dazu ihren von Gott gebrauchten Beitrag leistet«. Die tausend Details des alltäglichen Missionsgeschäfts sollen die Träume nicht ersticken.

Sein Vorgänger Hanspeter Wolfsberger ist dankbar dafür, dass Liebenzell mit seinen vielen tausend Missionsfreunden in der evangelikalen Landschaft nach wie vor eine gewichtige Stimme hat – und dass sie von der »Menschenfreundlichkeit Gottes« bestimmt ist. In diesem Zusammenhang sieht er auch einen Wandel in der Theologie: Heute sind seiner Ansicht nach vor allem Theologen gefragt, die selber intensiv im geistlichen Leben stehen: »Wenn Liebenzell eine solche von einer persönlichen Spiritualität geprägte Frömmigkeit praktiziert, dann wird sich das Organisatorische, das immer schwierig bleibt, dem fügen.«

Dazu passt der für ihn vollzogene »persönlich wichtige Schritt – vom ›Berg‹ hinab«. Ungewöhnlich: Er hatte die Missionsleitung gebeten, ihn als Direktor zu entlassen, um eine neue Aufgabe als Pfarrer und Leiter des zu Liebenzell gehörenden »Hauses der Stille« im südbadischen Betberg zu übernehmen. »Sehr absichtlich« wollte er – in einer Hoch-Zeit des Werkes, und im Guten – aus der »ersten Reihe« und der Rolle »eines Kleinfürsten« heraus zurück in die Arbeit vor Ort gehen – und dabei das Haus in Betberg auch für Hauptamtliche und seine Freunde vom Missionsberg als einen Ort »kultivieren, an dem man Gott begegnen kann«.

Da trifft er sich mit Detlef Krause, für den das »Kümmern um die Motivation der Missionare höchste Priorität« hat. Denn »wo ein Missionar die Stille vor Gott verliert, verliert er letztlich (fast) seinen Auftrag, die Dynamik und Kraft«.

(Ehemalige) Missionsleiter Wolfsberger, Vatter, Krause (v. li.)

Liebenzeller Mission

Liobastraße 17
75378 Bad Liebenzell
Tel. 0 70 52/17-0
Fax 0 70 52/17-1 00
E-Mail: info@liebenzell.org
www.liebenzell.org

Die »Welt-Gemeinschaft« im Odenwald

Die »Offensive Junger Christen« (OJC) in Reichelsheim/Odenwald

Erste OJC-Konferenz 1968

Im Saal wird es mucksmäuschenstill. Der Tagungsleiter zieht ein kleines rotes Büchlein hervor. Es ist 1968. Zeit der Studentenunruhen und Tode, deren Opfer der Student Benno Ohnesorg, Studentenführer Rudi Dutschke, der schwarze Baptist und Menschenrechtler Martin Luther King oder Robert Kennedy, Bruder des früheren US-Präsidenten, sind. Die kritische deutsche Studentenschaft ist in einem Grundgefühl gegen »die Gesellschaft« geeint. In diesem Klima sehen die Studenten in linken Theorien und den revolutionären Ideen von Marx, Lenin oder Mao die treffenden Utopien für eine bessere Gesellschaft von morgen. Jeder kennt die rote »Mao-Bibel« des »großen Vorsitzenden« aus China.

Und die Antwort der Christen? Der Tagungsleiter, 40 Jahre alt, Hornbrille, liest aus dem roten Buch: »Trachtet zuerst nach dem

Reich Gottes und nach seiner Gerechtigkeit; so wird euch solches alles, was ihr zum Leben nötig habt, zufallen.« Die Bibelkenner unter den Zuhörern erkennen sofort den Text aus dem 6. Kapitel des Matthäus-Evangeliums. Aber die Linken im Publikum sperren erstaunt den Mund auf, als der Referent fortfährt: »Das ist doch im Grunde nichts anderes als das, was auch Lenin sagt: ›Ein Revolutionär ist nicht zu erkennen an der gewaltsamen Methode, sondern daran, dass er *jede einzelne Tat seines Alltags aufs Ganze bezieht.*‹« Schnell setzt eine Diskussion ein, die sich im weiteren Verlauf um Politik, Sex und freie Liebe und Krieg, Frieden und die Zukunftsfrage dreht – sechs, acht Stunden lang.

Geistlicher Durchbruch auf der 68er-Konferenz

So beginnt ein Experiment, das unter der »Offensive Junger Christen« (OJC) bekannt geworden ist; inzwischen eine Kommunität von gut 100 Mitlebenden zwischen einem und 70 Jahren, hat die OJC ihren Stammsitz in Reichelsheim im Odenwald.

Diese Entwicklung ist 1968 noch nicht absehbar. Horst-Klaus Hofmann, der Mann mit der roten Bibel, hat mit seiner Frau Irmela und einer Handvoll Mitarbeitern im Frühjahr zu einer Schüler- und Studentenkonferenz in den Räumen der Evangelischen Marienschwesternschaft Darmstadt eingeladen. Hofmann, CVJM-Generalsekretär in Mannheim, erwartet etwa 40 Besucher. Es kommen mehr als 100: aufgeschlossene Linke und Liberale, die hören wollen, welche Antworten die Christen auf die Fragen dieser Zeit geben. Die anderen sind von ihren Gemeinden frustrierte Christen, die sich fragen, ob das traditionelle Christsein, das sie erleben, alles ist. Eine der Teilnehmerinnen ist die heutige Pädagogin Angela Ludwig, damals 17 Jahre alt: »Eins ist mir damals schon klar gewesen: Ich wollte nie ein bürgerliches Leben leben.« Die politisch wache junge Frau ist fasziniert von der Mischung zwischen langhaarigen Parka-Trägern, den ganz normalen Christen und den Marienschwestern in ihrer Tracht. Viel mehr aber zählt die Atmosphäre: »die ungeheure herzliche Zugewandtheit, das Interesse an den Menschen und den

Zeitfragen, die normale unfromme Sprache und die Leidenschaft« für das, was Hofmann und seine Mitveranstalter vertreten.

Die aber sind nicht zufrieden: »Alle fanden's nur toll. Keinem ging das, was wir sagten, wirklich unter die Haut. Dabei wünschten wir uns einen Durchbruch für das Reich Gottes!«, erzählt Hofmann. Der Durchbruch kommt, am 2. Abend – an unvermuteter Stelle: Das Mitarbeiterteam sitzt beim »Gesang zur Klampfe«, als plötzlich ein Mitarbeiter stammelnd beginnt: »Ich muss euch was sagen: Der Segen Gottes konnte nicht fließen. Denn in meinem Leben ist eine konkrete Sünde ...« Seinem Bekenntnis folgen weitere: Neid, ein betrogenes Examen, ein Seitensprung ... Nach einer längeren Zeit des Bekennens und Vergebens will die Gruppe sich zur Nacht auflösen. Aber vor der Tür stoßen sie auf zwei Dutzend Konferenzteilnehmer. Stundenlang finden nun Seelsorgegespräche statt. Und an die erste Konferenz schließen sich noch im selben Jahr sieben weitere mit bis zu 160 Teilnehmern an.

Im Reizklima einer Großfamilie

Allerdings: Nicht die Folgekonferenzen sind das wesentliche Ergebnis der ersten Tagung. Am Jahresende kommen zwei Teilnehmerinnen auf Horst-Klaus und Irmela Hofmann zu – mit einer weichenstellenden Frage: »Wir haben auf den Tagungen viel von einem offensiven Christsein gehört; wie sieht das im Alltag aus? Können wir eine Zeit lang in Ihrer Familie mitleben und das ausprobieren?« Hofmanns haben fünf eigene Kinder und gehen nun das Wagnis ein, beenden ihre Existenz als normale Mittelschichtfamilie und öffnen ihr Haus für die »jungen Wilden«, die ihnen am Herzen liegen. Die ungeplante Folge eines Aufbruchs.

Jahr für Jahr wächst die Gemeinschaft, deren Mitglieder »im Reizklima einer Großfamilie«, im gemeinsamen Studieren, Beten und Handeln ihren persönlichen Glauben vertiefen und tragfähiger machen wollen. Weitere Familien kommen dazu und jedes Jahr etwa 20 junge Frauen und Männer zwischen 18 und 28. Das Wohnhaus der Hofmanns in Mannheim wird schnell zu klein. Als sie deshalb in

Bensheim an der Bergstraße auf ein leer stehendes Schülerinnenheim in einer Jugendstilvilla stoßen, ziehen sie mit den ersten »Jahresmannschaftlerinnen« um. Aber die Umzugskisten sind noch nicht ausgepackt, da melden sich bereits weitere junge Christen für erste »Trainingskonferenzen« an. Schon 1970 wird darum ein weiterer Hauskauf nötig – bei einer Kassenlage von 30 D-Mark ...

In dieser Situation werden wesentliche Grundzüge der OJC sichtbar, die bis heute tragen: Die Gemeinschaft und ihre Aktivitäten werden fast ausschließlich von Spenden eines beständig wachsenden Freundes- und Förderkreises getragen, ohne die die OJC keinen Monat überlebt hätte. Und: Zu den Grundprinzipien der heutigen Kommunität gehört es, gleichermaßen Kopf, Herz und Hand zu beanspruchen. Die Arbeit an den renovierungsbedürftigen Gebäuden und auf dem Gelände gehört von Beginn an zum pädagogischen Konzept der OJC, das auf gemeinsames Leben, Lernen und Arbeiten setzt.

Zur geistigen Arbeit in der christlichen »Kolonie«, zu der die OJC immer mehr wird, gehört die intensive Buchproduktion in der eigenen »Bücherwerkstatt«. Bücher des Theologen Klaus Bockmühl oder die OJC-Chronik »Anstiftungen«, Bücher zur Apartheid oder die pädagogischen Titel von Irmela Hofmann erreichen Auflagen von einigen Zigtausend Exemplaren – »Futter« für eine ganze Generation »denkender« Christen.

Zugleich erarbeitet die Gemeinschaft »Biblische Schauspiele«, die mit herausfordernden Texten auf Missstände in Kirchen und Gemeinden aufmerksam machen und einen biblischen Weg der Versöhnung weisen. Für Furore sorgt beispielsweise das Stück »Wo ist der Dritte?« über den authentischen Fall zweier zerstrittener Pfarrer, die den Weg der Vergebung finden. »Wir sind durchs ganze Land gezogen, haben Säle gefüllt, viel aufgewühlt bei den Zuhörern, aber auch viel Geraderücken und Heilung erlebt«, sagt Hofmann.

Internationale Begegnungen in Schloss und Scheune

Es ist 1979. Wieder einmal sind die Kapazitätsgrenzen für die Schulungs- und Seelsorgeangebote mit zahllosen Wochenendseminaren und bis zu 300 Besuchern im Monat erreicht. Und wieder einmal kommt ein Anruf: »Wollen Sie nicht ein Schloss erwerben?« Das Schloss Reichenberg, ein ausgedientes Post-Erholungsheim, liegt 25 Kilometer von Bensheim entfernt. Im Sommer 1979 wechselt es den Besitzer und dient der OJC – nach einer aufwendigen Umbauphase der vorher wenig einladenden Gemäuer – seit 1980 als Hauptstandort, Tagungs- und Begegnungsstätte. Mehr als 20 Jahre wird hier nicht nur permanent (um)gebaut und renoviert, sondern es gibt seit Beginn Seelsorge-Grundkurse und Fortbildungsangebote für Laienmitarbeiter in den Gemeinden. Mit den Jahren sind fach- und familienpädagogische Seminare und geistlich-theologische Themen, in den 90er-Jahren Literaturwochen, ökologische und gesellschaftspolitische Gesprächsangebote dazugekommen. Die OJC richtet hier ein öffentliches Café ein. Und das Team aus festen Angehörigen der Kommunität und »Jahresmannschaftlern« baut die heruntergekommene »Michaeliskapelle« unter fachlicher Anleitung eines Steinmetzen wieder auf.

Schon bald wird das Schloss zu einem internationalen Treffpunkt: Christen aus Skandinavien und aus Osteuropa, aus Israel und Südafrika, aus Nord- und Südamerika, aus den Niederlanden und Frankreich und vielen anderen Ländern kommen hierher, um über das Christsein im weltpolitischen Horizont nachzudenken und ganz unmittelbar »Welt-Gemeinschaft« miteinander zu (er)leben.

Nun soll das romantische Areal zu einer »modernen Pilgerstätte« mit erlebnispädagogischem Konzept ausgebaut werden, in der junge Menschen, die das Christentum nur vom Hörensagen kennen, die Symbolwelt der jüdisch-christlichen Tradition und die Botschaft des Evangeliums mit allen Sinnen erleben und verstehen können. »Ob im Kerker, am Brunnen, im neu restaurierten Rittersaal oder an der Wehrmauer: überall können biblische Episoden und Gleichnisse Gestalt gewinnen. Jeder Stein der Schlossanlage taugt zum Erzählen von wahren Geschichten«, erklärt der Projekt-Koordinator Ralf Nölling (31).

Bei allen Angeboten nimmt aber keine Einrichtung der OJC den gesellschaftspolitischen Auftrag so offensiv wahr wie das am Fuße des Schlossberges gelegene Reichelsheimer »Deutsche Institut für Jugend und Gesellschaft«, das eigene Studien- und Forschungszentrum, das der OJC die Wahrnehmung eines »evangelikalen Thinktanks« eingetragen hat. Gestützt auf eine umfangreiche internationale Literaturarbeit, hat das schon 1969 gegründete Institut in den 70er-Jahren ausführlich zum Thema Jugendsekten gearbeitet, in den 80er-Jahren zum Thema Demokratieentwicklung im südlichen Afrika und in den 90ern an dem Leitthema Geschlechterstudien und (Homo-)Sexualität geforscht. Das Thema Veränderbarkeit von Homosexualität und Begleitung von homosexuell empfindenden Menschen hat bis heute einen hohen Stellenwert, weil – wie die Institutsleiterin Christl Vonholdt und der neue OJC-Leiter Dominik Klenk übereinstimmend erklären – das Institut aufgrund der Ergebnisse seiner Forschungsarbeit neben der Initiative »Wüstenstrom« die einzige christliche Einrichtung ist, die auf diesem Gebiet gegen den breiten öffentlichen Strom von Lebenspartnerschaftsgesetzen und damit verbundenen »Auflösungstendenzen von Ehe und Familie« arbeitet; ganz ähnlich sieht es bei dem aktuellen Thema »Gender Mainstreaming« aus.

Ein OJC-Projekt, das sich als Institution in der Ortsgemeinde fest etabliert hat, ist das »Reichelsheimer Europäische Jugendzentrum (REZ)«. Der Bürgermeister der Stadt wollte im Zusammenspiel mit der OJC einen zentralen Treffpunkt für die Jugendlichen des Ortes und der Region schaffen. 1990 war das geeignete Objekt gefunden: Der unter Denkmalschutz stehende alte Bauernhof im Ortskern wurde von der Gemeinschaft übernommen und Stück für Stück restauriert. Heute ist er mit seinen vielen Freizeitmöglichkeiten und der irischen Kneipe nicht nur ein Treffpunkt für Jugendliche aus Reichelsheim und Umgebung. Seit 1993 organisiert die OJC in jedem Sommer zudem ein mehrwöchiges internationales Baucamp mit Jugendlichen aus bis zu acht Nationen. Mehr als 500 junge Leute aus 25 Ländern haben bereits an der alten Scheune oder am Schloss Hand angelegt und handfest Völkerverständigung gelebt, Sprache und Eigenart anderer Nationalitäten verstehen gelernt und in der kleinen Kapelle im Gewölbe des alten Wein- und Kartoffelkellers gemeinsam Andachten gefeiert. »Das Zentrale bei allen Veranstaltungen im REZ ist Begegnung!«, betont der Leiter Gerhard Braun.

Die erste Stunde um sechs gehört dem Hören auf Gott

Monika Wolf ist Hausmutter auf Schloss Reichenberg. Behutsam steuert sie den Kleinwagen auf der engen Straße bergan. Sie gehört mit ihrem Mann zum festen Stamm der OJC. Sie erzählt, dass heute ein paar Mitglieder der Gemeinschaft nach Heidelberg gefahren sind, wo ein Freund der OJC etliche Steigen Salat zum Abholen bereithält. Neulich waren es säckeweise Kartoffeln und gerade gestern haben andere OJC-Mitglieder mehrere Schweinehälften aus der Pfalz geholt.

Die Abhängigkeit von Gott zeigt sich nicht nur im Vertrauen auf Spenden von Naturalien oder Geld, sie findet sich auch im geistlichen Rhythmus des Alltags wieder. In allen Zentren gibt es an Wochentagen um zwölf ein Mittagsgebet für jeden, der es sich einrichten kann. Eine geistliche Grundregel ist aber für alle verbindlich: Die erste Stunde jedes Tages soll Gott und dem Hören auf ihn gehören. An jedem Freitag schließt sich um sieben Uhr die Feier des Abendmahls in der Schlosskapelle an. Hier sitzt Angela Ludwig zwischen den Feiernden. Sie hat über Umwege an diesen Ort zurückgefunden, in der Zwischenzeit zehn Jahre lang die Jahresmannschaft betreut, jetzt ist sie Mitglied im »Priorat«, der geistlichen Leitung der Kommunität. Wichtig ist ihr und den anderen Mitgliedern der Kommunität die »Begrüßung des Sonntags« am frühen Samstagabend, mit der die Gemeinschaft im messianischen Horizont an die jüdischen Wurzeln anknüpfen möchte.

Die Kernfrage: Wie kann Gemeinschaft gelingen?

Ein anderer »Heimkehrer« ist Dominik Klenk. Der 39-Jährige (»der einzig echte 68er in der OJC«) leitet seit 2002 die »Offensive« als Nachfolger von Horst-Klaus Hofmann. Sein Vater Hermann Klenk ist 1972 der erste Mitarbeiter der Hofmanns gewesen und hat als

»OJC-Architekt« sämtliche Baumaßnahmen fachlich begleitet. Sein sportbegabter Sohn, der bis 20 politisch völlig uninteressiert war und sein Abitur »mit dem Lesen von höchstens fünf Büchern« gebaut hat, hatte ein Leben in einer Gemeinschaft »immer in meinem Horizont«. Aber so, wie er sich die Welt der Geisteswissenschaften erst allmählich erarbeitet hat, ist der heute belesene Doktor der Philosophie in einem weiten Bogen über ein Journalistik-Studium an der katholischen Universität Eichstätt zurück zur OJC gekommen. Entscheidend dabei war der starke Zug seines väterlichen Freundes Horst-Klaus Hofmann. Anders als dieser, der im Geburtsjahr Klenks bereits 40-jährig die OJC gegründet und mit der ungelösten Nachfolgefrage am Ende auch Spannungen innerhalb der zunehmend ausdifferenzierten Gemeinschaft hervorgerufen hat, hat Dominik Klenk sehr klar umgrenzte Leiterschafts-Vorstellungen: »Leiterschaft ist zwar ein Charisma, muss aber an ein Amt gebunden sein und von den Mitgliedern der Gemeinschaft in geregelten Abständen neu bestätigt und autorisiert werden. Sieben Jahre säen, sieben Jahre ernten – das halte ich für einen vernünftigen Zeithorizont.«

Auf die Frage, wie denn die OJC in zehn Jahren aussehen soll, bezeichnet er sich als »Mann des Wegs«, der in einer »Grundhaltung der Achtsamkeit« wie Jesus dem jeweils Nächsten begegnen will. Neben der Offenheit für das Spontane brauche eine Gemeinschaft, die in eine nächste Generation wachsen will, auch ein erkennbares Profil und verlässliche Kriterien der Verbindlichkeit: »Wir haben jetzt den Kern unseres Auftrags und unsere Lebenskultur in einem Leitbild zusammengefasst. Als Nächstes steht die Formulierung der ›inneren Ordnung‹ der Gemeinschaft an, in der unsere gelebte Kultur einen strukturellen Grundrahmen bekommen soll. Damit wollen wir keine Ideale aufstellen, sondern eine Handreichung für ein schöpferisches und ausdauerndes Leben geben.«

Die Kernfrage menschlichen Lebens lautet seiner Ansicht nach: Wie können Beziehungen lebendig und dauerhaft gestaltet, werden? Das hat Konsequenzen für die OJC-Arbeit, aber auch für Kirche und Gesellschaft: »Bei den Seminaren, die die OJC anbietet, geht es wesentlich um das Verhältnis der Geschlechter, um Familie und Pädagogik – und die Frage, wie hier Gemeinschaftsmodelle für die

Zukunft aussehen können. In einer Welt zunehmender Vereinsamung, Schnelllebigkeit und Gleichgültigkeit wächst die Sehnsucht der Menschen nach Orten der Orientierung, der Ruhe und der Verbundenheit.« Auch in den evangelischen Kirchen sieht Klenk dafür ein wachsendes Bewusstsein: »Wir sind zusammen mit anderen evangelischen Kommunitäten und dem Kirchenamt der EKD in einem guten Dialog.« Ein erstes Ergebnis ist das in diesem Jahr erschienene Impulspapier »Kommunitäten in der Kirche«.

Sein Wunsch für die OJC? »Dass sie ein Ort des Glaubens bleibt, an dem junge Menschen in Christus Heimat, Freundschaft und Richtung finden und erleben, dass ein versöhntes Miteinander zwischen ganz unterschiedlichen Menschen möglich ist. Diese Erfahrung gibt Hoffnung und Horizont, sich aktiv in Gemeinschaft zu investieren und gesellschaftlich einzumischen.«

Schloss Reichenberg

Offensive Junger Christen – OJC e.V.

Helene-Göttmann-Str. 1,
64385 Reichelsheim

E-Mail: reichenberg@ojc.de, www.ojc.de
Deutsches Institut für Jugend und Gesellschaft
Pf. 1220, 64382 Reichelsheim
E-Mail: institute@dijg.de; www.dijg.de
Schloss Reichenberg
»Wege zum Leben«, 64385 Reichelsheim;
Tel. 0 61 64/5 53 95; E-Mail: schloss@ojc.de
Reichelsheimer Europäisches Jugendzentrum
Gästehaus (30 Betten, Selbstversorgerküche),
Bismarckstr. 8, 64385 Reichelsheim; Tel. 0 61 64/5 53 95;
E-Mail: rez@ojc.de; www.rez-jugendzentrum.de

Unkonventionelle internationale Baustelle

Schloss Klaus in Oberösterreich

Schloss Klaus über dem Klauser See

Machen wir den Sturzflug mit »Google Earth«, nach Oberösterreich, an den östlichen Rand des Salzkammerguts, gut 60 Kilometer südlich von Linz. In etwa 550 Metern über dem Meeresspiegel stößt man dort auf eine alte Schlossanlage.

Lange Jahre stammte die Gastgeberin hier aus Linz, ihr Mann ist in Aurich aufgewachsen. Stefan aus der Schweiz säbelt beim Essen an einem würzigen Käse entlang. Magala aus Afrika spielt unter Flutlicht mit drei Deutschen Basketball. Und Diana, Politikstudentin aus Sachsen, packt in ihren Semesterferien mit an. Und auf Bildern und in Geschichten tauchen andere Namen und Gesichter auf: Natascha aus Russland, George aus Amerika, Rick aus Hawaii ...

So war es immer hier: unkonventionell und international. In den vergangenen rund 45 Jahren ist Schloss Klaus auch darum weit über die Grenzen Österreichs als christliches Jugendzentrum, Bildungshaus und Bibelschule der »Missionsgemeinschaft der Fackelträger« zu einem Begriff geworden.

Der Hamburger in Österreich

Angefangen hat alles mit Peter an der Landstraße: Der spätere Exportkaufmann Peter Wiegand aus Hamburg hebt im Juni 1953 auf Tour in Süddeutschland den Daumen. Als ein schon mit anderen jungen Leuten voll beladener Pkw anhält und der Tramper sich neben den Engländer am Steuer quetscht, verändert das sein Leben: »Kurz nach Mitternacht« bekehrt er sich zu Jesus Christus. Schnell wird er zum glühenden Evangelisten, der tagsüber arbeitet, abends evangelisiert. Nur wenige Jahre später stellt sich die Frage, ob er nicht ganz in die christliche Jugendarbeit wechseln soll.

Er sagt Ja – und folgt dem Ruf des Engländers, der ihn seinerzeit als Anhalter mitgenommen hatte und ihm zum geistlichen Vater geworden war: Major W. Ian Thomas, britischer Offizier im Zweiten Weltkrieg, der 1948 das Christliche Freizeit- und Konferenzzentrum *Capernwray Hall* bei Lancaster gegründet hat, die Zentrale der internationalen »Missionsgemeinschaft der Fackelträger«. Hier durchläuft Peter Wiegand die Kurzbibelschule und trifft auf Menschen aus ganz Europa – darunter eine Reihe Österreicher, die ihn einladen, in ihrer kleinen lutherischen Kirche eine Jugendarbeit aufzubauen. 1962 beginnt er seine Arbeit in dem Alpendorf Schladming. Nach drei Monaten existieren schon zwölf Jugendgruppen im weiteren Umkreis, und die Zahl wächst weiter – da kommt es zur erneuten, entscheidenden Weichenstellung: Die Baronin Ursula von Sydow, in ihrer Jugend geprägt von den Herrnhuter Christen, bietet Peter Wiegand ihr Schloss zur Pacht und zur Nutzung für die christliche Jugendarbeit an.

Das Schloss der Baronin

Das Schlossgebäude oberhalb des Dorfes Klaus, zu Römerzeiten eine befestigte Passsperre, ragt auf einem Felsendorn über dem Fluss Steyr empor. Franz Schubert soll hier zu seinem populären »Forellenquintett« inspiriert worden sein. Eine Eisenbahnlinie der Pyhrnbahn führt tief unter dem Schloss durch einen Tunnel. Die Steyr ist seit den 70er-Jahren zu einem Bade- und Wassersportsee gestaut. Vor gut 800 Jahren erstmals historisch beurkundet, verfiel das Barockschloss über die Jahrhunderte. Als der Baron von Sydow es 1938 von Adolf Hitler im Tausch übernahm, glich es eher einer Ruine ...

Peter Wiegand nimmt es Anfang der 60er-Jahre in Augenschein. Die Fenster hängen da nur noch aus Gewohnheit in den losen Angeln. Es gibt kein Wasser, keinen Strom. Am Fuß des Schlossberges warnt ein Schild »Betreten verboten – Lebensgefahr!« Dennoch: Im alten Rittersaal erfährt Peter Wiegand die Berufung Gottes, hier seine Jugendarbeit fortzuführen. Er hat die Vision, aus der Ruine ein Gebäude zu errichten, das mit (geistlichem) Leben gefüllt ist. Was er zu diesem Zeitpunkt noch nicht weiß: Die Burgherren Storch, Besitzer im 15./16. Jahrhundert, kamen bald nach Luthers Thesenanschlag 1517 zum christlichen Glauben und machten Schloss Klaus oft zur Herberge für Glaubensgeschwister. »Hier ist schon lange gebetet worden. Das prägt die Atmosphäre bis heute«, sagt Lutz Kettwig, der – aus dem ostfriesischen Aurich stammende – langjährige Schlossherr.

Der erbetete geistliche Aufbruch beginnt tatsächlich 1963, nachdem die »Fackelträger« das Schloss in Pacht übernommen haben. Anfangs mit nur wenigen Leuten baut Peter Wiegand das alte Gebäude wieder auf. Durch die Mund-zu-Mund-Propaganda innerhalb der Missionsgemeinschaft, die heute mehr als 20 Zentren auf allen Kontinenten unterhält, kommen immer zahlreicher junge Leute aus aller Herren Ländern, die mit primitivsten handwerklichen Mitteln und knochenharter Handarbeit das Schloss Stück für Stück wieder instand setzen. An der Außenfassade in schwindelnder Höhe bessern Mitarbeiter das Gemäuer aus, mit einem gewöhnlichen Seil gegen Absturz gesichert. Gelegentlich kriegen sie fremde Hilfe: Ein Verantwortlicher beim Straßenbau im Ort sieht die Schlossbauer von morgens bis spätabends schuften, wird neugierig und hilft dann mit Fachgerät beim Legen der Wasserleitungen.

Ute Kettwig, lange Jahre Mitarbeiterin an der Seite ihres Mannes Lutz, kennt das Schloss seit 1965: »Es war alles Baustelle«, erinnert sie sich, »wie überhaupt in all den 40 Jahren immer gebaut wurde. Als ich ankam, war ich schwer enttäuscht: Es hat geregnet, alles war dreckig ... Aber dann kam ich herein, wurde herzlich begrüßt, und es war wie in einer anderen Welt: so eine Herzlichkeit!«

Über die Jahre haben Freundlichkeit und Fröhlichkeit bei aller Knochenarbeit einen erheblichen Teil der Faszination von Schloss Klaus ausgemacht. »Wir haben die Drecksarbeit gemacht und dabei auch unheimlich viel gelacht, weil wir wussten, wofür wir's gemacht haben«, sagt Lutz Kettwig, und bezieht sich dabei auf eine Formulierung von Peter Wiegand, der die Fackelträger als eine »Gemeinschaft von Christen« bezeichnet hat, »die versuchen, ihrem Herrn so gut sie können ihren Gaben entsprechend zu dienen, in dem Wissen, dass nur Christus sein Werk durch sie tun kann«.

»Erfolgsrezept« Glaubenskurse

Geht man heute durch das Schloss und die seit 1983 ebenfalls wieder aufgebaute Burg, kann man die Aufbauleistung kaum fassen. Rund 150 Gästebetten in etwa 50 Räumen, alle mit hellem Holz freundlich eingerichtet, stehen inzwischen bereit. Der beliebteste Schlafsaal mit zwölf Betten ringsum an den Wänden des achteckigen Turms bietet einen herrlichen Blick auf den Klauser See. Zum alten Rittersaal kamen der Burgsaal, eine kleine Kapelle, ein »Caféstüberl«, mehrere Aufenthalts- und Seminarräume, eine Fachbuchhandlung und ein moderner Jugendraum mit Keller-Kiosk.

Mindestens 170 Treppenstufen muss man vom Parkplatz aus bis unters Dach erklimmen. Treppauf, treppab geht es vorbei an Gewölben und teilweise noch nackten Außenmauern von 2,60 bis 4 Metern Dicke. Gänge zum Verlaufen. Auf dem insgesamt 4 100 Quadratmeter großen Areal könnte man gut einen Edgar-Wallace-Krimi verfilmen.

Burg und Schloss verbreiten eine unnachahmliche Atmosphäre, die von Anfang an viele Gäste angezogen hat. Die erste Freizeit fand im Juli 1964 statt. Obwohl das Team vorher fast Tag und Nacht gearbeitet hat, standen nur für 30 Gäste Betten und mit dem Rittersaal ein einziger Aufenthaltsraum zur Verfügung. Es kamen aber 60 Gäste. Kurzerhand wurden Matratzen ausgelegt, alle 60 fanden Platz. Ständig musste ausgebaut werden: Erst für 60 Gäste, dann für 100, heute für gut 150. Und auch jetzt werden immer wieder Gäste in umliegenden Pensionen untergebracht. Bis zu 25 000 Übernachtungen haben die Schlossherren in den zurückliegenden Jahren pro Jahr gezählt.

Sehr bald nach dem Sommer 1964 waren neben den handwerklichen auch andere Begabungen gefragt: Eine Jugendfreizeit reihte sich an die andere. Und Peter Wiegand wollte von Beginn an mit seinem Team auch das geistliche und das Rahmenprogramm der Gruppen gestalten. Und wundersamerweise »hatten wir immer die richtigen Leute zur richtigen Zeit«, staunt Lutz Kettwig rückblickend. Auch hier hilft die internationale Mund-zu-Mund-Propaganda der »Fackelträger«. Zum Beispiel Emiko: Die junge Frau aus Japan kam für einige Monate aufs Schloss, nachdem sie von einer Cousine in London von diesem außergewöhnlichen Ort gehört hatte, die wiederum jemanden kennengelernt hatte, der das Schloss kannte ... Wie sie kommen seit 40 Jahren Studenten, Bibelschüler, Jugendleiter, Lehrer, engagierte Christen und machen vielfach ehrenamtlich, für ein Taschengeld oder ein geringes Einkommen für ein paar Wochen oder Monate mit. Das inhaltliche »Erfolgsrezept« ist gleich geblieben: Grundlegende Glaubenskurse und tiefschürfende Gespräche rund um den Glauben im Alltag, gepaart mit ungezählten Kreativangeboten, Sport, jeder Menge Spaß und Erkunden der außergewöhnlichen Umgebung im und ums Schloss.

Das gilt in gleicher Weise für das zweite Standbein: die Konfirmandenfreizeiten. Rund ein Drittel aller Konfirmandengruppen in Österreich kommen irgendwann einmal nach Schloss Klaus; zunehmend auch Kinder aus katholischen Elternhäusern: »Eine ganz tolle

Arbeit!«, schwärmt Ute Kettwig. Das Grundprinzip: »Die meisten Konfirmanden kommen nicht, weil sie groß etwas vom Glauben wissen wollen, sondern: Wenn man konfirmiert wird, kommt man halt mit aufs Schloss, wenn die ganze Gruppe fährt.« Ungezählte Konfirmanden haben an diesem Ort »den ersten Anstoß zum Glauben« bekommen. Für eine Reihe von ihnen hatte das nachhaltige Folgen: Einer von ihnen ist Harald Brandstätter (45). Er kam als 14-Jähriger erstmals aufs Schloss, bekehrte sich und ist heute eine wesentliche Säule der missionarischen Arbeit der »Fackelträger« im Südsudan bzw. in Nordkenia; und das, obwohl sein Lebensweg mit der Übernahme des elterlichen Bauernhofs eigentlich schon fest vorgezeichnet schien ...

Solche Lebensveränderungen bleiben auch daheim nicht ohne Wirkung: »Unsere Kinder kommen so begeistert und zum Teil so verändert von Schloss Klaus heim – was macht ihr mit denen?«, schildert Ute Kettwig ihre Erfahrung mit den Reaktionen vieler Eltern: »Könnt ihr nicht auch für uns solche Freizeiten anbieten?« Das war der Startschuss für die Erwachsenen- und später Familienfreizeiten und noch später der Partnerschaftsseminare – die allesamt auch deswegen nötig geworden waren, weil inzwischen aus den ehemaligen Kindern, die das Schloss besucht hatten, Erwachsene mit eigenen Familien geworden waren.

Die Abmachung mit der Bibelschule

Ein besonders deutlicher Glaubensbaustein markiert den Beginn der Kurzbibelschule auf Schloss Klaus. Ende der 70er-Jahre kommen immer wieder Anfragen nach einer deutschsprachigen Bibelschule. Intensiv überlegt Lutz Kettwig, der Major Thomas seit 1957 kennt, in *Capernwray Hall* auf der Bibelschule war und mit seiner Frau seit 1973 auf dem Schloss lebt und arbeitet, ob er auf die Anfragen eingehen soll – und wagt 1980 im Gebet eine Abmachung: »Herr, wenn sich bis zum 31. August sechs Bibelschüler verbindlich angemeldet haben, will ich das als Zeichen sehen.« Der 31. August kommt – und *fünf* Christen haben sich zur Bibelschule angemeldet.

Kettwig schwankt. Am Abend geht er noch einmal vor die Tore des Schlosses. Während er dort im Gebet verharrt, kommt eine Frau den Schlossberg herauf und meldet sich an ... Mit acht Schülern beginnt schließlich Ende September 1980 der erste sechsmonatige Kurs. Inzwischen absolvieren von September bis März jedes Jahr 25 bis 45 Schüler den Ausbildungsgang als Zurüstung für die Mitarbeit in der Gemeinde, als Persönlichkeitsschulung, als Glaubensbestätigung oder in einer wichtigen Orientierungsphase.

Für zahlreiche Christen bedeutete die Mitarbeit im Schloss eine entscheidende Weichenstellung im eigenen Glauben und Leben. Kettwigs, Leiter bis 2006, sind selber ein lebendiges Beispiel dafür. Auf einer Freizeit in der zweiten Hälfte der 60er-Jahre lernen sie sich kennen, verloben sich und heiraten hier – nicht ganz zufällig, denn Peter Wiegand hat Lutz Kettwigs Schwester geheiratet –; das Lehrerehepaar will jedoch nach ein paar Jahren im Beruf nach Südamerika in die äußere Mission. Aber es tun sich keine Türen auf, bis Peter Wiegand seinen Schwager bittet, in die stetig wachsende Jugend-, Seminar- und Familienarbeit einzusteigen. Ute und Lutz Kettwig sagen Ja – für drei Jahre. Es wurden 33 Jahre daraus, und Ute Kettwig spricht von einem »regelrechten Glücksgefühl, in einer derart sinnvollen Arbeit engagiert gewesen zu sein«, in der Menschen entscheidende Impulse für ihr Leben bekommen. »In fast jeder Freizeit« kämen Leute, »für die der Glaube Neuland ist« – und verabschieden sich mit den Worten: »Ich weiß schon, wen ich nächstes Mal mitbringe.« Einmal hat ein Unternehmenschef seine ganze Firma für ein Wochenende aufs Schloss eingeladen. Ein anderes Mal hat eine Familie alle Nachbarn aus ihrer Straße mitgebracht ...

Die »Fackelträger« auf Schloss Klaus sind durchgängig nach dem biblischen Ruf »Komm herüber und hilf uns« aktiv geworden. Die Ausweitung der Arbeit ist nicht strategisch am Reißbrett entworfen, sondern hat konkret auf Anfragen und Bedürfnisse reagiert: So arbeiten sie unter anderem in Sudan/Kenia mit der *Sudan-Inland-Kirche* zusammen oder betreiben in Indien mit dem *Rat für Kinder- und Jugend-Pflege* und der *Kirche von Süd-Indien* ein Polio- und ein Ausbildungsheim. Ähnliche sozialmissionarische Kooperationsmodelle gibt es in Rumänien, Mikronesien, Albanien, Frankreich, Russland und im Heiligen Land: in der Begegnungsstätte »Abrahams Herberge« für Menschen mit unterschiedlichen religiösen Hintergründen in Beit Jala im Palästinensergebiet, ein Projekt mit der Evangelisch-Lutherischen Kirche.

In Österreich sind, ganz ähnlich, zwei Werkstätten sowie ein Wohnhaus für Menschen mit Beeinträchtigungen in den Nachbarorten Kirchdorf und Windischgarsten entstanden, weil Peter Wiegand hier auf eine Mangelsituation aufmerksam wurde und die Initiative ergriffen hat.

Das Erbe des Barons

Die Behinderteneinrichtungen werden staatlich gefördert; im Kern finanziert Schloss Klaus seine Arbeit durch sparsame Haushalterschaft aber selbst. Das Prinzip des kaufmännisch denkenden Exleiters Peter Wiegand »Keine Schulden machen!« wird eisern durchgehalten: »Nur wenn ausreichend Geld da war, haben wir weitergebaut«, bilanziert Lutz Kettwig, der auch und besonders in finanzieller Hinsicht die Erfahrung gemacht hat: »Gottes Züge fahren spätestens pünktlich.«

Das Schloss selbst wird durch den Gästebetrieb als Wirtschaftsbetrieb geführt; weil es aber nicht alle notwendigen Gelder für die 31 fest angestellten Mitarbeiter erwirtschaften kann, hat der Vorstand die Einrichtung eines »Basis-Fonds« beschlossen; dieser Topf wird mit Spenden von Freunden gefüllt, die vor allem die evangelistische Arbeit fördern wollen. Die Gehälter werden nach dem »Gerechtigkeitsprinzip« (Lutz Kettwig) gezahlt: Jeder bekommt das gleiche Grundgehalt – egal ob Tischler, Koch, Gärtner oder Gesamtleiter. Nur Verheiratete bekommen etwas mehr als Nichtverheiratete. Alle Projekte außerhalb des Schlosses haben jeweils einen eigenen Freundes- und Trägerkreis.

Das Leben der aus vielen Denominationen gebildeten Schlossgemeinschaft wird unter anderem durch die tägliche Hausandacht mit Gebetszeit geprägt. An jedem Tag treffen sich die Mitarbeiter eine Stunde lang zum Austausch über Bibeltexte, über persönliche

Situationen, Gäste, Anliegen und Aufgaben, die dort »durchgebetet« werden.

So kann das Schloss seine Aufgabe wahrnehmen, die Lutz Kettwig als einen »geistlichen Servicepunkt« beschreibt: als eine »Anlaufstelle«, mit deren Hilfe die Christen »für Gott verfügbar und brauchbar in ihrer Umwelt, in Gemeinde und Gesellschaft« werden. Vom Schloss gehen starke geistliche Impulse ins Land hinein, nicht nur wegen der Konfirmandengruppen. Rund 40 Hauskreise werden in einem großen Radius von Schlossmitarbeitern betreut. Und wer aufs Schloss kommt, soll »gestärkt im Glauben, mutiger und fröhlicher ›seine Straße ziehen‹ und dort seinen Glauben leben, wo er zu Hause ist«: Die Schlossgemeinschaft will keine eigene Kirche sein. Dazu ist sie auch vom theologischen Verständnis »für manche zu eng und für manche zu weit: wir sitzen immer zwischen den Stühlen; geistlich betrachtet ein guter Platz«, schmunzelt Lutz Kettwig. Aber: »Egal, wohin man in Österreich kommt, man stößt häufig auf Spuren von Schloss Klaus.«

Wie lange noch? Im Jahr 2030 läuft der mit der Baronin von Sydow geschlossene Pachtvertrag aus. Lutz Kettwig rührt in seiner

Im Rittersaal erlebte Peter Wiegand seine Berufung

Teetasse. Bei der Feier zur Verabschiedung von Peter Wiegand in den Ruhestand vor sechs Jahren hat der Sohn der Baronin erklärt, dass das Schloss nach seinem Tod in die Hände der »Fackelträger« übergeht. Er lächelt: »Da gab es Standing Ovations.«

Schloss Klaus

Internationales christliches Jugendzentrum und Bildungshaus der »Missionsgemeinschaft der Fackelträger«.
Ganzjährig Freizeiten, Tagungen. Kurzbibelschule. 150 Gästebetten.
Schloss Klaus
A-4564 Klaus/OÖ
Österreich
Tel. +43 (0) 75 85/441; Fax +43 (0) 75 85/441-28
E-Mail: office@schlossklaus.at; www.schlossklaus.at

Das »geistliche Sanatorium«

Das Julius-Schniewind-Haus in Schönebeck bei Magdeburg

Altar in der Kapelle des Schniewind-Hauses

Quer durch das Industriegebiet, vorbei an Hinterhöfen und der Schwermaschinenfabrik »Sket« im Südosten Magdeburgs rollt der Zug, passiert zahllose baufällige Häuser mit zerschlagenen Fensterscheiben. Rund 20 Kilometer weiter ist das Bild ähnlich: »Die Bördelandschaft« im Großraum rund um die Hauptstadt Sachsen-Anhalts »ist ziemlich trist«, bestätigt Pfarrer Hans-Michael Sims, seit 1999 Leiter des Schniewind-Hauses. Doch wenn die Industriestadt Schönebeck auch keine Schönheit ist: Edda Winkelmann spricht mit Tränen in den Augen von der »Oase«, als die sie das Schniewind-Haus seit vielen Jahren erlebt.

Seit 1957 existiert das 1908 erbaute Anwesen – früher mal Frauenheim, Evangelische Akademie, Bibelschule und Kirchliches Proseminar – in seiner jetzigen Funktion als Seelsorgeheim. Bis zur Wende 1989/90 arbeitet es als Werk der Kirche, seither als Verein eigenständig, ideell aber immer noch getragen von der Landeskirche.

Ein Segen für die ganze Kirche

Der Anstoß, ein »geistliches Sanatorium« für Menschen einzurichten, die Hilfe und Zuflucht an einem Ort geistlichen Lebens suchen, kam im Frühjahr 1957 vom damaligen Bischof der Kirchenprovinz Sachsen, Johannes Jänicke. Er wusste, dass »solch ein Haus der ganzen Kirche zum Segen werden kann«, schreibt er in seinen Erinnerungen, und warf sein ganzes Amtsgewicht für die Einrichtung in die Waagschale: »In einer Kirche, die ein so charismatisch geprägtes Werk nicht als ihr eigenes übernehmen kann, möchte ich nicht Bischof sein!« Jänicke hat das Beispiel von Johann Christoph Blumhardt und dessen Nachfolger Friedrich Stanger im schwäbischen Möttlingen vor Augen – ganz so wie der erste leitende Pfarrer des Schniewind-Hauses, Bernhard Jansa. Beide hatten in Schwaben in den 1920er-Jahren unabhängig voneinander das Wirken des Heiligen Geistes erlebt. Diese gemeinsame Erfahrung der Gabe der Krankenheilung ist es wohl auch, die Jänicke dazu veranlasst, sich für Jansa als ersten Leiter des Hauses starkzumachen. Dieser folgt nach einigem Zögern dem Ruf aus Magdeburg. Der 1948 verstorbene Theologieprofessor und Propst Julius Schniewind aus Halle, dessen Namen das Heim seit 1953 trägt, ist ein berechtigter Namensgeber. Die ihn kannten, berichten von einer großen Begabung als Seelsorger.

Die Seelsorge, die aus der biblischen Verkündigung kommt, ist auch Jansas große Stärke – gepaart mit einer ausgeprägten Verkündigungs- und Hirtengabe. Typisch für seine Arbeit sind die Rüstzeiten und Gästetage, die er gemeinsam mit anfangs zwei Diakonieschwestern schon bald nach der Eröffnung des Schniewind-Hauses im Herbst 1957 anbietet. Es sind keine besonderen Themen, unter denen diese Tage stehen. Vielmehr spricht Jansa intensiv über die Bibel und ein glaubwürdiges geistliches Leben nach Gottes Willen – äußerlich nüchtern, aber von einer glühenden Liebe zu Gott durchdrungen, und mit einem sicheren »Gespür für Menschen in Not«, wie Sims heraushebt.

Krankenheilungen und »Kurpfuscher«-Vorwurf

Schnell zeigt das Geschehen im Schniewind-Haus Wirkung: Durch Mund-zu-Mund-Propaganda verbreitet sich der Bekanntheitsgrad des Seelsorgeheims wie ein Lauffeuer. Aus der ganzen DDR kommen Gäste, mit zunehmender Dauer auch aus den (süd-)östlichen Nachbarländern. »Immerhin war es das einzige Seelsorgeheim im gesamten Ostblock«, berichtet die Pfarrerin Astrid Eichler (Berlin), die selber nachhaltige geistliche Erfahrungen im Schniewind-Haus gemacht hat: »Viele der begehrten Rüstzeiten waren bis zu einem Jahr im Voraus ausgebucht – oft wurde um Teilnahmeplätze fast gekämpft.«

Der Andrang auf die Plätze allein wäre aber zu wenig gewesen: Auf die Bibelarbeiten folgen tief gehende Seelsorgegespräche. Die Gäste reden über ihre Nöte, beichten und erfahren »die Freude der Buße« (Schniewind). Viele erleben einschneidende Lebensveränderungen: Problembeladene werden entlastet, Gebundene frei, Kranke erleben Heilung.

Die Krankenheilung war ein besonderes Charisma Bernhard Jansas. Hans-Michael Sims erinnert sich, wie er ihn als kleiner Junge als Gast im elterlichen Pfarrhaus erlebte. Ein Heilungserlebnis ist ihm besonders nachdrücklich in Erinnerung: Eine Frau, die durch eine vergrößerte Schilddrüse stark entstellt war, ging zu Jansa ins Seelsorgezimmer – »und es wird mir unvergesslich bleiben: Als sie wieder herauskam, war sie vollständig geheilt«, erzählt Sims noch heute ehrfürchtig und staunend.

Die Heilungen im Schniewind-Haus geschehen in dichter Folge, machen öffentliche Schlagzeilen – und rufen die Staatsmacht auf den Plan: Ein Selbstmordfall im Zusammenhang mit dem Schniewind-Haus wird im Dezember 1959 vom Staat propagandistisch ausgeschlachtet. Es gibt Anzeigen, Verhöre und den schlimmen Vorwurf der »Kurpfuscherei«. Schließlich greift die DDR-Führung zum letzten Mittel und lässt das Seelsorgeheim polizeilich schließen.

Aber der Schuss geht nach hinten los: Öffentliche Proteste setzen ein. In einem öffentlichen Kanzelwort erklärt Bischof Jänicke: »Wer das Schniewind-Haus angreift, greift die Kirche an!« Tatsächlich zieht sich der Staat bald wieder zurück und lässt die Sache im Sand verlaufen. Ab Januar 1960 beginnt mit einer kleinen Gästefreizeit allmählich wieder der normale Betrieb.

Aber das ist noch nicht alles: Die dramatischen Ereignisse, die drohende Schließung nach nur zwei Jahren, schweißen die Gemeinschaft der Schwestern und Mitarbeiter innerlich zusammen, treiben auf die Knie zum Gebet, und die Kommunität geht innerlich gestärkt aus dieser Krise hervor. Auch nach außen hat die staatliche Kampagne Erfolg – *für* das Schniewind-Haus: Der Bekanntheitsgrad des Heims steigt. Noch mehr Menschen als vorher wollen kommen. Neue Arbeitsbereiche werden entfaltet: Jansa und die Schwestern sind zu (Kinder-)Evangelisationen und weiteren Gemeindediensten im ganzen Land unterwegs. Später beginnt im Haus die Tagungsarbeit für kirchliche Mitarbeiter und Pfarrer.

»Vollmächtige Zeichen der Herrschaft Gottes«

Krankenheilungen im Schniewind-Haus »haben bis auf den heutigen Tag nicht aufgehört«, erklärt Sims, »aber sie waren ab 1960 nicht mehr so dominierend.« Das sieht auch Pfarrer Dieter Blischke so. Er hat das Schniewind-Haus von 1967 bis 1999 geleitet. Als Theologiestudent aus Leipzig kam er im Sommer 1960 zum ersten Mal nach Schönebeck. Die Krankenheilungen erlebt Blischke einerseits als »vollmächtiges Zeichen der Herrschaft Gottes«. Jansa hat »die Hilfesuchenden nie gedrängt«. Aber in einer »Atmosphäre der Gegenwart Gottes, der Kraft des göttlichen Wortes und der Wirkung des Geistes« erlebten Menschen auch körperliche Heilung. Andere wurden nicht geheilt, kamen aber innerlich gestärkt aus der Seelsorge. Andererseits beobachtet Blischke auch Elemente der »Personenbindung« und überhöhter Erwartungen mancher Gäste an Jansa. Er »hat dem immer gewehrt und klare Grenzen gezogen, ist aber mit den Bittenden barmherzig umgegangen und hat sie nicht schroff zurückgewiesen«.

Blischke betrachtet die zwischenzeitliche staatliche Schließung deshalb auch als »Korrektur von oben«: »Jansa selber hat das auch so gesehen.« Eine »zu einseitige Linie« wurde gestoppt. Gemeindeaufbau, gemeinsames Leben und biblische Vertiefung spielten seither eine noch größere Rolle.

Aber Heilungen bleiben über die Jahre aktuell. Prominentestes Beispiel ist die weltbekannte Evangelistin Corrie ten Boom. Im Sommer 1964 spricht sie im überfüllten Magdeburger Dom und wohnt in dieser Woche im Schniewind-Haus. Blischke erinnert sich, dass sie damals über Monate wegen eines schweren Gallenblasenleidens »auf ganz schmaler Diätbasis gelebt« und nur Haferschleim und getrocknete Pflaumen zu sich genommen hat. Aber sie hatte »die Gewissheit«: »Im Schniewind-Haus wird Gott mich anrühren, dass ich wieder mit neuer Kraft dienen kann.« Am Abreisetag hat sie noch ein Gespräch mit Jansa – mit einschneidenden Folgen: Gemeinsam mit ihrer Chauffeurin Elisabeth von Bibra reist Blischke mit ihr im Volkswagen nach Erfurt. Und dort kann sie plötzlich »fetten Thüringer Braten mit Soße, Rotkraut und Klößen« essen: »Sie war gesund von Stund an.«

Dieter Blischke, der von Jansas »klarer Spiritualität in der biblischen Tradition Zinzendorfs und Blumhardts und seiner Verbindlichkeit im lebendigen Glauben« fasziniert ist, will nach seinem theologischen Staatsexamen Anfang 1962 »eigentlich nur für ein Jahr mitleben und in der Gärtnerei helfen«, als er schon nach zwei Monaten gebeten wird, den durch seine Seelsorgearbeit stark beanspruchten Jansa zu unterstützen. Blischke und die Kirche als »Dienstherr« sagen Ja zum Vikariat im Schniewind-Haus. Seine beinahe 40-jährige Amtszeit beginnt damit, dass er halbtags tatsächlich in der Gärtnerei arbeitet, die andere Hälfte aber im geistlichen Dienst mit Jansa aktiv ist. Die Arbeit in den Gäste- und Rüstzeiten und in der Seelsorge ist »ungemein intensiv«. Neben den persönlichen Gesprächen treffen täglich Hunderte Briefe an Seelsorgepost ein, die Blischke sortiert, zum Teil selber beantwortet, vor allem aber an Jansa weitergibt. Der ist oft als »geistlicher Vater« gefragt – und antwortet geistlich-souverän und knapp: »Häufig hat er nur 12 oder 14 Zeilen geschrieben, aber die waren sehr prägnant und hatten Substanz.«

Kohleheizung, Tomatenpflanzen, Ziegenstall

Als Jansa 1967 stirbt, ist Blischke erst 29 Jahre alt und tritt nach seiner Berufung in den ersten Monaten nur mit Zagen in die großen Fußstapfen seines Vorgängers. Aber es gelingt in »seinen« drei Jahrzehnten, die wesentlichen Arbeitsbereiche dieses Ortes, Seelsorge, Evangelisation und Diakonie, unter den Bedingungen des DDR-Sozialismus zu konsolidieren. Mit zunehmender Dauer werden die Kontakte ins Ausland ausgebaut, bis die Liste der Gäste und Referenten von Mitgliedern der russisch-orthodoxen Kirche bis zu Anglikanern und Pfingstlern aus England und den USA reicht.

»Heute sieht hier alles ganz anders aus«, bemerkt Astrid Eichler. Ihre Aussage stimmt – und auch wieder nicht. Die Zimmer im Haupthaus mit den 54 Betten sind renoviert. Das »klitzekleine Zimmer von Schwester Reni ganz am Ende des unteren Flures« gibt es nicht mehr. Wie viele andere hat Eichler hier Seelsorge erfahren, konnte ihr Herz ausschütten und Vergebung empfangen.

Manches ist aber auch geblieben: Das hintere Pfarrhaus wird wie seit Urzeiten mit Kohle geheizt. Im Park stehen Bungalows, in denen kleine Gästegruppen oder bei Regenwetter im Sommer das Kinderprogramm untergebracht sind.

Auch die Gärtnerei wird noch betrieben; allerdings mehr für den Eigenbedarf, nicht mehr in dem Maße wie zu DDR-Zeiten, als die Leute aus Schönebeck und Umgebung bis auf die Straße Schlange standen, wenn es Tomatenpflanzen gab. Auch die kleine Kapelle am Rande des Geländes gibt es noch. Ein winziges Gebäude, früher ein Ziegenstall, spendet es in seinem Inneren Stille und Wärme. Nur wenige Sitzreihen, ein kleiner Altar, eine Bibel, ein Kreuz und an der Wand daneben eingemeißelt ein Liedvers von Gerhard Tersteegen, der nicht nur diesen Raum, sondern das gesamte Schniewind-Haus erfüllt: »Gott ist gegenwärtig. Lasset uns anbeten und in Ehrfurcht vor ihn treten ...«

Beinahe wie in Stein gemeißelt ist auch der innere Rhythmus der Gäste- und Rüstzeiten, der über die Jahrzehnte gleich geblieben ist. Er beginnt morgens um halb acht auf dem Flur mit einem gesungenen Weckruf einiger Schwestern zur Gitarre, setzt sich fort mit Andacht und einer intensiven Bibelarbeit und schließt mit einer Abendveranstaltung mit Gastvorträgen und Betrachtungen.

Nicht wegzudenken aus dem Schniewind-Haus ist die »Völkerstunde« am Donnerstagabend, in der neben einer kurzen Verkündigung ein missionarischer und heilsgeschichtlicher Blick auf die Völker der Welt gerichtet und für sie – besonders auch für Israel – gebetet wird. Fest verankert ist auch die »Dankesstunde« am Samstagabend, in der dankbar auf die Woche zurückgeblickt wird. Gäste und Mitglieder der Kommunität danken für besondere Segenserfahrungen, für Spenden und loben Gott für seine Heilstatsachen.

»Bethlehemitische« Verhältnisse

Ein Bild des Schniewind-Hauses ist mit blauen Trachten und weißen Hauben augenfällig: Von Beginn an ist es auch geprägt von einer lebendigen Schwesternschaft, die in sämtlichen Arbeitsbereichen von der (Wasch-)Küche bis zur Seelsorge mitarbeiten und jede Mahlzeit mit einem Gebet oder Lied beginnen und beschließen. Ihre Zahl ist über die Jahre kontinuierlich gewachsen; mit 45 Schwestern bilden sie heute die größte *Kommunität* (die Diakonissen-Mutterhäuser nicht eingerechnet) auf dem Boden der Ex-DDR. Herausgebildet hat sich eine sehr bunte Gemeinschaft, deren geistlicher Hintergrund von Gemeinschaftsbewegung und Herrnhut über Baptisten-, Brüdergemeinden und Methodisten bis zu Lutheranern und Pfingstgemeinden reicht und ein weites Lernfeld geistlichen Lebens darstellt.

Außerdem verknüpft sich mit ihnen ein wirtschaftliches Problem, das mit der Nach-Wende-Zeit zu tun hat: Im Dezember 1990 beschloss die Kirchenleitung, das Schniewind-Haus künftig als einen eingetragenen Verein fortbestehen zu lassen. Die wirtschaftliche Lage in der Kirchenprovinz Sachsen wurde angespannter, ebenso im Seelsorgeheim, das die Kirche weiter ideell unterstützt. Aber seit 1990 ist die Altersversorgung der Schwestern ungeklärt, was in der Praxis bedeutet, dass das JSH sie finanziell mittragen muss. Ein großer Brocken. Zudem fielen kirchlichen Stellenstreichungen 1996 auch die beiden Pfarrstellen im Schniewind-Haus zum Opfer; eine Maßnahme, die zwar 1997 umgewandelt wurde in den Erhalt einer nicht dotierten Pfarrstelle, aber eine große finanzielle Belastung bedeutet: »Wir sind ein Glaubenswerk, unmittelbar«, sagt Sims, und blättert dabei in der Liste der Spender, die das Schniewind-Haus neben den Einnahmen aus dem Gästebetrieb wesentlich tragen: Neun Seiten mit rund 400 Einträgen umfasst diese monatlich erstellte Liste, in der alle Eingänge, zwischen fünf und 500 Euro, aufgeschrieben sind.

Die Schniewind-Haus-Gemeinschaft muss sich wirtschaftlich nach der Decke strecken, denn eigentlich ist alles zu klein hier: Es gibt nur einen Aufenthaltsraum, der rund 15 Personen Platz bietet. Der »Wilhelm-Löhe«-Tagungsraum, der unmittelbar an den Andachtssaal anschließt, sieht schon bei 30 Personen ziemlich gefüllt aus. Und wenn die Schwestern Platz für ihren Gebetsdienst benötigen und Gäste im Haus sind, müssen sie sich zum Gebet auch schon mal in die Waschküche zurückziehen. Die frühere Turnhalle auf dem Gelände wurde immer wieder umfunktioniert, dient als Nähstube, als Unterkunft für Zivildienstleistende und FSJler, als Kopierstudio für Vortragskassetten – alles nebeneinander auf engstem Raum. Die Mini-Kapelle im alten Ziegenstall passt dazu: »Bethlehemitisch«, nennt Hans-Michael Sims die Verhältnisse, »aber auch Bethlehem hat eine Verheißung ...«

Deswegen bleibt das Schniewind-Haus bei seinem Kurs mit dem Schwerpunkt der biblischen Verkündigung »mit starker seelsorgerlicher Ausrichtung«: »Die Menschen sollen wissen: Hier kann ich heil werden an Leib, Seele und Geist. Und sie gehen gestärkt wieder in ihre Gemeinden und ihren Alltag.« Die Mund-zu-Mund-Propaganda tut dem Heim seit 50 Jahren gut. Etwa 128 000 Gäste hat das Haus bislang beherbergt, die die geistliche Weite genossen haben, erklärt Sims: »Wo Kommunitäten sind, da ist geistliche Ökumene.«

Den Standpunkt des Seelsorgeheims in der geistlichen Landschaft Deutschlands beschreibt der Leiter mit einer »Gelenkfunktion«: Zu einer Reihe von Werken, Bewegungen und Organisationen – zur evangelikalen Bewegung, zur geistlichen Gemeindeerneuerung in der EKD, zu anderen Einkehrhäusern oder zu Christen in der katholischen Kirche – bestehen gute Kontakte. Aber das Schniewind-Haus sei »nie einer Bewegung ganz zuzuordnen«. Durch die »im Kleinen« gelebte Dienst- und Lebensgemeinschaft und geistliche Ökumene jedoch besitze dieser Ort eine Ausstrahlung, die mithelfe, dass Mitglieder verschiedener Bewegungen hier ein Miteinander fänden, »die anderswo nicht miteinander können«.

Einen Traum hat die Kommunität im Schniewind-Haus: Sie würden gern eine neue Kapelle bauen, um für ihre Dienste und Gäste endlich ausreichend Platz zu haben. »Der Wunsch und die Notwendigkeit bestehen seit Langem«, sagt Sims. Das Schniewind-Haus hegt Hoffnung auf Unterstützung durch die Landeskirche und auch die EKD.

Grund zur Freude gibt es jüngst im Frühjahr 2007: Da kann die Schniewind-Gemeinschaft den Neubau des Schwesternhauses feiern. »Bethlehem« ist ein klein wenig größer geworden.

Gespräch in der Kapelle

Julius-Schniewind-Haus

Jährlich etwa 30 Seminare/Tagungen, mit Möglichkeit zum seelsorgerlichen Gespräch.

Dazu gehören Gästefreizeiten, Stille Einkehrtage, 3 Tage Schweigen, Wochenendrüstzeiten, Tagungen für Kinderarbeit, Pfarrertagungen, Geistliche Vertiefungstage, Jugendrüstzeiten, Familienfreizeiten und geschlossene Tagungen. 54 Betten.
Kontakt: Julius-Schniewind-Haus, Calbesche Straße 38, 39218 Schönebeck; Tel. 0 39 28/7 81-0; Fax: 0 39 28/7 81-1 06
Homepage: www.schniewind-haus.de
E-Mail: info@schniewind-haus.de oder anmeldung@schniewind-haus.de
(Gästeschwester Sr. Dorothea Paulsen, Tel. 0 39 28/7 81-1 21)

Die Hütte Gottes bei den Menschen

Die Communität Christusbruderschaft Selbitz in Oberfranken

Eingang zum Ordenshaus

Vor meinem inneren Auge taucht die rüstige 81-jährige Schwester wieder auf, gekleidet in der typischen Tracht: schwarzes Haarband mit weißem Schleier, graues Gewand, helle Taillenkordel, schwarze Jacke, Schuhe oder Sandalen. Schwester Emma Bühlmeier kennt den Wildenberg im oberfränkischen Selbitz noch von 1949, als hier außer Bäumen und Feldern gar nichts war. 58 Jahre später stehen ein Ordenshaus mit großzügigem Innenhof, ein Gästehaus der Begegnung und Einkehr, ein Altenpflegeheim und ein Arzthaus auf dem Gelände: dem Zentrum der Communität Christusbruderschaft Selbitz (CCB).

120 Schwestern und vier Brüder zählen – mit dem »Sr.« und »Br.« vor dem Vornamen – dazu. 70 von ihnen leben auf dem Wildenberg, die anderen in Außenkonventen und Stadtkommunitäten in ganz Deutschland; ein weiterer Außenkonvent liegt in Südafrika.

Mehr als ein halbes Jahrhundert liegt zwischen den Anfängen und heute. Und im Notizblock steht der markante Satz von Sr. Emma: »Beim Erzählen komme ich ins Staunen über die Güte und Größe Gottes.«

Offen für Impulse des Heiligen Geistes

Die Seniorschwester gehört zur Gründergeneration von Selbitz. Nur die Anfänge im oberfränkischen Industriestädtchen Schwarzenbach/Saale hat sie nicht miterlebt. Dort tat seit 1937 das Pfarrerehepaar Hanna und Walter Hümmer seinen geistlichen Dienst. Beide hielten sich zur Bekennenden Kirche und seit Anfang der 30er-Jahre auch zur Oxford-Gruppenbewegung, die von der Offenheit für die Impulse des Heiligen Geistes im Alltag geprägt war. Am Karfreitag 1948 erkannten Hanna Hümmer und die jungen Christen um sie herum während eines intensiven Prozesses des Betens und Hörens, dass sie als evangelischer Orden ein gemeinsames Leben beginnen sollten. Eine Einkehrzeit im Laufe des Jahres brachte weitere Klärung. Das künftige Ordensleben sollte nach den drei »Evangelischen Räten« – Armut, Keuschheit und Gehorsam – gestaltet werden. Die Erfahrung der Einheit mit Christus und untereinander verdichtete sich in dem Namen »Christusbruderschaft«. Die junge Gemeinschaft – in der Mehrzahl Frauen – begriff: »Wo Christus als Bruder erfahren wird, entsteht geschwisterliches Leben, werden wir einander Brüder und Schwestern.«

In einem Abendmahlsgottesdienst in der Schwarzenbacher Kirche begannen an Neujahr 1949 sieben Schwestern und vier Brüder unter Leitung von Hanna und Walter Hümmer das gemeinsame Leben als Kommunität.

Ein Sturm der Entrüstung brach in Gemeinde und Landeskirche los, denen diese neue gemeinsame Lebensform gänzlich fremd war. Erst sollte ein Hirtenbrief des Landesbischofs die Wogen glätten, später bat die Kirchenleitung Pfarrer Hümmer gar, mit seiner kleinen Gemeinschaft nach Selbitz umzusiedeln. »Eine Strafversetzung«, befindet Sr. Anna-Maria aus der Wiesche, Priorin bis 2006, knapp.

Aber der mutige Gehorsamsschritt führt die Kommunität weiter nach vorn. Der Orden übt nach dem Zerbrechen sämtlicher Werte im Zuge des Zweiten Weltkriegs eine starke Anziehungskraft aus. Immer mehr Schwestern und Brüder kommen dazu; Sr. Emma Bühlmeier am 1. November 1949.

Pionierzeit: Armut, Enge, Baupläne ...

Sie kam mit einer klaren persönlichen Berufung in die Christusbruderschaft und verkörpert eine lebendige Erzähltradition der Kommunität.

In der Pionierzeit ist die Bruderschaft »total arm«. Sr. Emma wird gefragt, »ob ich mein Bett von zu Hause mitbringen könnte«, das im Schwesternhaus unter der Dachschräge in einen Raum mit zehn anderen Betten gequetscht wird, dazu zwei wacklige Kommoden und vier Waschschüsseln, auf denen sich im Winter Eis bildet. Einen Ofen gibt es nur im Wohnzimmer des Pfarrhauses.

Zu essen gibt es mal Pellkartoffeln mit Soße, mal Blutwurst, mal ein paar Heringe. »Aber Jesus hat uns in dieser äußeren Armut immer versorgt«, staunt Sr. Emma.

Allein die Enge ist manchmal »bedrängend«. Bis Jahresende leben mit 14 Brüdern und Schwestern und zwei Familien schon rund 20 Menschen im Pfarrhaus. Monate später sind es zeitweilig 40, »und wir haben oft gedacht: Unser Herr könnte uns doch Geld zum Bauen schenken«. Ohne Wissen der anderen betet Hanna Hümmer: Wenn es dein Wille ist, Herr, dass wir bauen, dann wollen wir an drei Stellen erkennen, dass es deine Sache ist: an einem Überschuss von 100 Mark in der Kasse am Monatsende, an einem Architekten, der keine Kosten geltend macht, und an kostenlosem Bauland.

Nicht lange darauf erklärt die Küchenschwester überrascht: Etwas noch nie Dagewesenes ist passiert – 130 Mark sind zum Monatsende übrig! Kurze Zeit später sitzt Walter Hümmer bei der Einweihung des Schulhauses »zufällig« neben dem Architekten. Die beiden kommen ins Gespräch – und am Ende steht ein Handschlag unter

Männern: »Ich mach Ihnen die Planung umsonst ...« Fast zeitgleich schreibt Sr. Emmas Mutter an ihre Tochter: »Ich vermache euch einen Hektar Land aus unserem Besitz, vielleicht könnt ihr tauschen ...« Über Kirchenpfründe geht das Tauschgeschäft vonstatten, und die Christusbruderschaft hat das nötige Bauland.

Mithilfe des Architekten wird ein Finanzierungsplan mit hohem Eigenleistungsanteil an das Landeskirchenamt gesandt. Nach längerem Warten kommt ein Brief aus München (»Wir bewundern euren Glauben«) mit der Zusage von 20 000 Mark Startkapital.

In den Folgejahren wartet harte Handarbeit auf die Gemeinschaft. Mit Schaufeln, Schubkarren und Backsteinen wächst ab 1954 der Bau. Das Arbeiten hilft auch bei der Akzeptanz unter den Selbitzern: »Die können nicht nur beten«, sagen sie über die Schwestern und Brüder.

1956 kann die CCB in den ersten fertigen Bauabschnitt einziehen. 1962 wird das vollends fertige Ordenshaus mit einer Kapelle eingeweiht: Raum für das kommunitäre Leben. Immer mehr Menschen treten in die Kommunität ein, die Anfang der 60er-Jahre fast 100 Mitglieder zählt. Menschen suchen Einkehrzeiten im Zentrum auf. Der 1968 eingeweihte Bau des Gästehauses »Haus der Begegnung und Einkehr« wird nötig. Zwar sind die Finanzen immer knapp – sicher waren nur das Gehalt von Pfarrer Hümmer von 450 Mark und kleine Überschüsse von auswärtigen Diensten als Jugendleiter, Katecheten oder Leiter von Konfirmandenfreizeiten –, aber im Vertrauen auf Gott erlebt die Gemeinschaft, dass kein einziger Bau als Ruine endet. Sie leben nach dem biblischen Prinzip aus Apostelgeschichte 2: »Sie hatten alles gemeinsam.«

Krisenzeit: Öffnung für Charismen, Psychologie, Politik

Der Landkreis errichtet 1971 ein Alten- und Pflegeheim auf dem Wildenberg, für das die Kommunität die Verantwortung und Leitung übernimmt. Ein Schlusspunkt hinter die Bauphase, wie sich zeigt. »Die Hütte Gottes bei den Menschen«, wie die CCB es nach Offenbarung 21 selber ausdrückt, ist äußerlich fertig. Zwar wird

1976 das Ordenshaus erweitert und 1996 das Alten-Pflege-Heim renoviert, umgebaut und in »Walter Hümmer Haus« umbenannt, weitere Bauten gibt es aber nicht.

Die zukünftige innere Gestaltung der Gemeinschaft spielt seit den 70er-Jahren eine dominante Rolle. Die charismatischen Gründerpersönlichkeiten Walter und Hanna Hümmer sterben 1972 bzw. 1977. Die spätere Priorin Sr. Anna-Maria, die Hanna Hümmer noch erlebt hat, charakterisiert die Gründermutter als »eine Mystikerin mit einer prophetischen Gabe«, die der Christusbruderschaft eine Fülle an biblischen Auslegungen, Gebeten und prophetischen Gedanken hinterlässt, die bis heute zu den Quellen der Communität gehören.

Aber sie können nicht verhindern, dass aufgrund der großen Spannweite der 1979 auf 188 Mitglieder angewachsenen Gemeinschaft der zweiten Generation mit den unterschiedlichsten Persönlichkeiten und geistlichen Prägungen »harte Auseinandersetzungen um das geistliche Erbe der Gründer« auftreten. Die Krisenzeit endet erst 1984 mit der Teilung der Communität: 14 Schwestern und sieben Brüder verlassen Selbitz und gründen die »Christusbruderschaft Falkenstein« im Bayerischen Wald.

Die internen Spannungen der Krisenzeit drehen sich neben der Frage der Leitungsnachfolge im Kern um drei Fragen: »Öffnen wir uns dem Charismatischen? Nehmen wir psychologische Kenntnisse in die Seelsorge auf? Und haben wir ein Mandat zum politischen Engagement?«, hat Sr. Anna-Maria die strittigen Punkte umrissen. Ihre Antworten: dreimal »selbstverständlich«. Charismatische Elemente »gehören zum Urkern der Kommunität«. Segnung und Heilungsgebete hat es intern in Selbitz immer gegeben. Heute sind sie »nur öffentlicher geworden«, in Form von »liturgischen« Segnungs- und Heilungsgottesdiensten.

»Selbstverständlich« haben inzwischen viele Mitarbeiter Ausbildungen, die auch ins Therapeutische gehen. Schwerpunkt bleibt aber die Seelsorge, die geistliche Begleitung der Menschen, die kommen. Und auch ein politisches Engagement hält Sr. Anna-Maria für selbstverständlich – »eine Frage des Gebets und der inneren Wachheit« für das, was im Land geschieht. Die CCB engagiert sich in kirchlichen Friedensorganisationen. Schwestern in Deutschland setzen sich für Asylbewerber ein, Schwestern im Außenkonvent in Südafrika im Kampf gegen Aids. Gegen die hohe Arbeitslosigkeit in der Region stellt die CCB bei Renovierungen bewusst heimische Arbeitskräfte an. Und immer wieder werden Seminare für Leute aus Wirtschaft und Kirche angeboten.

Im Jahr 1984 wählt die Communität erstmals eine Team-Leitung, vier Jahre später die Priorin und den Prior. Eine Amtsperiode dauert sechs Jahre, einmal kann man wiedergewählt werden. Aus der Feder der ehemaligen Priorin Sr. Anna-Maria stammt die »Regel« der Christusbruderschaft, die 1999 zum 50-jährigen Bestehen erschienen ist. Auf nur 30 Seiten formuliert die Selbitzer »Regel« die geistlichen Grundlagen der Communität und enthält so kräftige Sätze wie: »Du bist berufen, gemeinsam mit deinen Schwestern und Brüdern Wohnort der Liebe Gottes in dieser Welt zu sein.«

Gebetszeit: Die Kapelle mitten im Alltag

Morgens um 6:10 Uhr ruft die kleine Glocke der Kapelle zum ersten Gebet des Tages. »Das Gebet bestimmt den Rhythmus des Tages, nicht die Arbeit.« Der Grundsatz von Hanna Hümmer gilt bis heute unverändert. Der Arbeits- und Dienstdreiklang »Gebet – tätige Nächstenliebe – Verkündigung« findet seinen Ausdruck im Leben der Häuser: Gebet und gemeinsames Leben sind bestimmend im Ordenshaus; die Verkündigung im Gästehaus; die Diakonie und Nächstenliebe im Walter-Hümmer-Haus. Drei bis vier Tagzeitengebete, frühmorgens, um 11 Uhr und um 17:30 Uhr und zweimal wöchentlich das Abendgebet »Komplet« um 20 Uhr und persönliche Gebetszeiten am Morgen geben den Tagen ihre Struktur. Wenn die Schwestern eine nach der anderen durch die Schwingtür in die Kapelle eintreten und sich vor dem Kreuz verbeugen, hört man bei ihren stillen Gebeten nicht mehr als das Rascheln ihrer Tracht. Von schlichter Schönheit sind die liturgischen Psalmgesänge und die Lesung, die Fürbitte und Kehrverse.

Die Gebetszeiten sind in die Arbeit eingegliedert. Zentral ist die

Kapelle ins Ordenshaus integriert. Während der Gebete wird Stille erbeten. Aber die »Kapelle mitten im Alltag« (Sr. Anna-Maria) soll das Innehalten in der Arbeit ermöglichen. Das zehnminütige 11-Uhr-Gebet ist ein kurzes »Auf-Jesus-Schauen – bevor wir wieder an die Arbeit gehen«.

Das Gebetsleben geht noch tiefer: »Alles kann zur Liturgie werden«, es »durchwebt das ganze Leben«, egal ob beim Kochen, Putzen, Ernten, Lernen, Ruhen oder Gestalten.

Immer donnerstags gibt es abends ein »Solidaritätsessen«. Auf dem Speiseplan: Brot, Äpfel und Tee. Die Ersparnisse werden zugunsten der Obdachlosenarbeit eines Paters in Nürnberg gespendet. Ich teile die Mahlzeit mit Sr. Beate und Sr. Heike. Wir sprechen über Veränderungen. Früher traten die jungen Frauen meist mit 18 Jahren ein. Heute sollen sie eine abgeschlossene Berufsausbildung mitbringen. Die Zahlen beim Ordensnachwuchs sind nicht mehr so hoch. In jüngsten Jahren traten rund 15 Neulinge in die CCB ein.

Geblieben ist neben der persönlichen Berufung der Wunsch, in einer verbindlichen Lebens- und Dienstgemeinschaft uneingeschränkt für Gott zu leben. Sr. Beate: »Man muss ein Stück verliebt sein in Gemeinschaft«, die manchmal »unwahrscheinlich anstrengend« ist, weil man Konflikten nicht entfliehen kann, und manchmal auch »etwas unwahrscheinlich Wertvolles« ist. Sicher gab es »anfangs Fragezeichen« bei dem Gedanken, Teil einer Frauengemeinschaft zu werden, die eine bewusste Ehelosigkeit einschließt. Mit Überzeugung sprechen die Schwestern aber mittlerweile von einem »reichen« Leben: »Es fehlt uns an nichts.«

Einkehrzeit: Raum für die Gottesbegegnung schaffen

Draußen auf dem Gelände werkelt eine Menschengruppe, jätet Beete, beschneidet Sträucher und Bäume, harkt Laub, bewegt Erde: Teilnehmer der Einkehrzeit »Ora et labora«, die nicht nur in geistlichen Impulsen über den »Schatz im Acker« nachdenken, sondern ihn auch mit ihren anderen Sinnen erfassen wollen. Erstaunlich ist, dass die Gäste darüber »an ›ihre‹ Themen kommen«, berichtet Sr.

Jutta Holighaus: »Meist gehen sie mit wenigstens einem ganz wichtigen Satz heim. Ihre Seele ist in diesen Zeiten empfänglich« für Gottes Reden und Wirken.

Die Einkehrzeit gehört zum Jahresprogramm des Gästehauses, wo jährlich rund 14 000 Übernachtungen gezählt werden. Das Spektrum der Veranstaltungen ist breit: Einkehrtage, Seminare für Familienarbeit und Kreativität, kirchliche Fortbildungen, geistliche Begleitung haupt- und ehrenamtlicher Mitarbeiter in Gemeinden. Die Gäste kommen vor allem aus dem Schwabenland, aus Bayern, Sachsen, Thüringen oder Berlin, »querbeet« aus verschiedensten Gemeindehintergründen. Allen gemeinsam ist – egal wo sie auf ihrer geistlichen Reise sind – die Erwartung, Einkehr und Stille im Klosterleben zu erfahren und hier mit allen Sinnen »die Berührung Gottes zu erleben«. Spiritualität, den Glauben im Alltag leben, ist ein wichtiges Thema. Auch wird »immer stärker Seelsorge gezielt nachgefragt«. Denn in vielen Gemeinden ist Seelsorge nach den Erfahrungen der Selbitzer Schwestern »Mangelware«. Für all diese Anliegen der Gäste »bereitet die Christusbruderschaft einen Raum«.

Großformatige (Öl-)Gemälde mit biblischen Motiven und Bücher der Selbitzer Schwester und Künstlerin Christamaria Schröter sowie Bibelwortserien, Spruchkarten und Gebetbände von Hanna Hümmer machen wesentlich das Angebot des kleinen Buch- und Kunstverlags der Communität aus, das zu einem kleinen Teil auch zur Finanzierung der Bruderschaft beiträgt. Denn »wir finanzieren uns im Grunde durch das, was wir tun«, sagt die ehemalige Priorin Sr. Anna-Maria: durch den Verlag, die Arbeit im Gästehaus, im Pflegeheim, und zu einem guten Teil durch Spenden von Freunden und Förderern. Eine finanzielle Unterstützung durch die Landeskirche gibt es für die Communität nur vereinzelt.

Zeit für eine »Herzens-Ökumene«

Das Walter-Hümmer-Haus mit seinen 104 Bewohnern – 74 davon im Pflegebereich, 30 leben selbstständig in eigenen Apartments – war der letzte Neubau auf dem Wildenberg. Ausgedehnt hat sich die

Communität in den zurückliegenden gut zehn Jahren durch Stadt-Kommunitäten in Bayreuth, München und Magdeburg sowie seine Außenkonvente. Immer ist die CCB dorthin gegangen, wohin sie einen inneren Ruf verspürt hat, sie seitens der heimischen Kirche willkommen ist und wo »nicht sowieso schon viele andere Christen« sind. So wurden 1994 das Augustinerkloster Wülfinghausen bei Hannover als Haus der Stille wiederbelebt, 1996 ein neues Schwesternhaus im fränkischen Hof Birkensee als Einkehrzentrum für junge Erwachsene und Familien eingerichtet, 1999 vier Brüder im Kloster Petersberg bei Halle mit dem Auftrag der Einkehrarbeit und Seelsorge angesiedelt und haben 2004 vier Schwestern im Benediktinerkloster Verchen in Vorpommern mit der gleichen Aufgabe ihre Arbeit aufgenommen.

»In der Kirche, mit der Kirche und für sie« – so hat Walter Hümmer einst den Standort der Christusbruderschaft umrissen. Also in der »Volkskirche«? Die Antwort Sr. Anna-Marias fällt differenziert aus: »Selbstverständlich stehen wir zu unserer Kirche. Aber Kirche ändert sich, und wir haben in manchem einen liebevoll-kritischen Blick darauf.« Und es bestehen nicht allein Kontakte zur lutheri-

Schwestern beim 11-Uhr-Gebet

schen Landeskirche, sondern auch zur anglikanischen, zur katholischen Kirche wie zu Freikirchen: »Wir leben in vielen Netzwerken und Bezügen: zu anderen Klöstern und Kommunitäten, unter anderem zur Jesus-Bruderschaft, zum überkonfessionellen ›Treffen von Verantwortlichen‹, sind verbunden mit einer inter-franziskanischen Ordensgemeinschaft oder bauen Kontakte zu einem orthodoxen Kloster in Rumänien auf.« Warum? »Es ist an der Zeit, an der Einheit zu bauen.« Als Kommunität kann die CCB hier andere Wege gehen als die Kirche in der »Dialog-Ökumene«: »Selbitz, das bedeutet eher ›Gebets- und Freundschafts-‹, ja, eine ›Herzens-Ökumene‹.«

Communität Christusbruderschaft Selbitz

Ordenshaus
Wildenberg 23, 95152 Selbitz
Tel. 0 92 80/68-0; Fax 0 92 80/68 68
E-Mail: selbitz@christusbruderschaft.de
www.christusbruderschaft.de

Die »Camping-Kommunität«

Die Familien-Kommunität »SILOAH« in Thüringen

Freitags-Abendmahl in der Krypta

Obstbäume, so weit das Auge reicht, erstrecken sich in langen Reihen auf beiden Seiten der kleinen Straße nach Neufrankenroda unweit von Gotha, folgen dem welligen Hügelverlauf. Ein Stück weiter eine große freie Ebene um ein unübersehbares zwölf Meter hohes Holzkreuz. Ein Camp-Gelände mit Platz für mehr als 10 000 Menschen.

Einfahrt in den Hof. Lang gestreckte Wirtschaftsgebäude, weiter hinten parken landwirtschaftliche Maschinen, sind Wildrinder in einem Stall untergebracht. Sonnenkollektoren für die Warmwasseraufbereitung auf dem Dach. Menschen sammeln sich, tragen Latzhosen, Overalls, kräftiges Schuhwerk, schlichte Strickpullover. Drei Kirchenglocken läuten aus einem offenen Glockenstuhl. Nach und nach verschwinden alle hinter einer Holztür, über der »Krypta (Ort der Stille)« steht. Es geht ein paar Stufen abwärts in ein Gewölbe aus nackten unverputzten Steinen, das durch Strahler in der Decke sanft erhellt ist. Holzbänke, kleine Korbhocker, Psalm- und Liederbücher, Bibeln. Vorn ein einfacher Altar aus rohen Feldsteinen, dahinter in die Wand eingelassen ein buntes Bleiglasfenster. Stille.

Angekommen in der Familienkommunität SILOAH. Ein freies Werk innerhalb der Evangelisch-Lutherischen Kirche in Thüringen. Vier Ehepaare mit ihren Familien zählen zur Kommunität, zehn bis zwölf junge Leute gehören zum wechselnden Jahresteam, komplettiert durch die Hausmutter, einen Hausmeister und eine Mitarbeiterin für die Jugendarbeit. Seit 1991 leben sie in enger Gemeinschaft, pflegen das alte Rittergut, den Obstbau und beherbergen auf dem 230 Hektar großen Gelände besonders in Sommercamps und Zeltstädten jedes Jahr einige Hundert, manchmal auch Tausende Gäste aus dem In- und Ausland.

Ein Traum von einem Ort

Jeden Freitag um 11:45 Uhr feiert die Gemeinschaft Abendmahl. Liturgische Elemente wechseln sich ab mit Lobpreisliedern, Stille und freien Gebeten. Christian Schaube, lutherischer Pfarrer und Leiter der Kommunität, spricht im weißen Talar über den Wochenpsalm und den Auftrag der Gemeinschaft, bevor er das Abendmahl an die um den Altar versammelte Christenschar austeilt. Zur Mitte der Mahl-Feier gehört der Friedensgruß. Minutenlang reicht man sich die Hände, spricht sich reihum gegenseitig zu: »Der Friede des Herrn sei mit dir!«

Schaube erzählt: Die Gemeinschaft hatte schon in den 80ern den »Traum«, einen Ort zu schaffen, an dem »Leute im Glauben wachsen und dort Gemeinschaft leben«. Eigentlich beginnt die Geschichte von SILOAH noch früher. Seit Mitte der 70er-Jahre gab es eine Gruppe junger Christen, die in der missionarischen Arbeit des CVJM in Thüringen um den langjährigen Landesjugendwart Eberhard Laue regelmäßige einwöchige Evangelisationen (»Sendfahrten«) in Thüringer Kirchen und Gemeinden organisierten. Im Team damals schon dabei: Hubertus, der Sohn von Eberhard Laue, und Ernest Goldhahn, die mit ihren Frauen neben Christian

Schaube und seiner Frau Kerstin zu den SILOAH-Gründungsmitgliedern gehören. »Die Sendfahrten haben uns sehr geprägt«, sagt Schaube, »aber wir waren unbefriedigt, dass wir danach wieder wegfahren mussten – und nicht wussten, ob die Gemeinden die neuen Christen auch im Glauben begleiten konnten oder wollten.«

Die beiden Freunde Hubertus Laue und Ernest Goldhahn träumen parallel dazu im Alter von 16, 17 Jahren einen »Aussteiger-Traum« von der Weite Kanadas und Alaskas, einem Naturleben zwischen Wölfen und Bären, begreifen aber während einer Wasserwander-Rüstzeit an der Mecklenburgischen Seenplatte: Die innere Freiheit, die Gott schenkt, ist unabhängig von äußeren Fesseln. Um diese innere Freiheit weiterzugeben, sehnen sie sich nach einem »Ort, wo das trainiert werden kann: Glauben entdecken, frei werden, Gemeinschaft erleben«.

»Wir waren vorbereitet«, resümiert Christian Schaube. Mit der Wende war der Zeitpunkt gekommen. Am Küchentisch in Waltershausen wird die Satzung geschrieben, die schon Jahre in den Köpfen geistert. Ihr Kernsatz: *»Wir wollen in Gemeinschaft leben, in der Liebe Gottes einander dienen und Menschen in die Gegenwart Gottes führen.«* Der Verein SILOAH wird im Februar 1990 gegründet – »noch mit DDR-Siegel unter unserer Gründungsurkunde«. Laue erklärt den Begriff SILOAH: Ähnlich wie der Blinde, der im Vertrauen den Weg des Glaubens zum Teich geht (Johannes 9), sollen Menschen hier Vertrauen, Glauben und Sehen lernen.

80 000 Obstbäume und ein Wunder ...

Ein Überbleibsel des Freiheitstraums von Hubertus und Ernest ist es anfangs, einen Handwerkerhof zu betreiben – Hubertus Laue ist gelernter Korbmacher, seine Frau Susann Töpferin – und quasi nebenbei das Evangelium zu predigen. Sehr bald wird aber klar, dass dies als Wirtschaftsgrundlage nicht tragfähig ist: »Die chinesischen Körbe waren einfach billiger ...«, lautet die bittere Erfahrung der Nach-Wende-Zeit.

Auch die Suche nach einer Bleibe ist lange ernüchternd. Und als die Treuhand der Gemeinschaft das Rittergut in Neufrankenroda zur Pacht anbietet, bietet sich der Gemeinschaft bei der ersten Besichtigung ein heruntergekommenes Gut mit frustrierten Arbeitern. Die jungen SILOAHner schrecken zurück: Es hat hier nie Christen gegeben. Und es stehen 80 000 Obstbäume auf dem Gut, die bewirtschaftet werden wollen. Ihr Urteil scheint klar: »Gott, da haste dich wohl geirrt – wir wollen Gemeindebau machen und nicht Obstbau!« Allerdings wollen sie nach dem Gespräch mit Eckehart Rühling, einem älteren Mitarbeiter, auch nicht einfach absagen.

»Mit schlotternden Knien« sagt die Kommunität schließlich doch Ja, übernimmt das Personal mithilfe des Arbeitsamtes, zunächst für maximal sechs Monate.

Dann geschieht das »Obstwunder«: In diesem Jahr erfriert in weiten Teilen Deutschlands die Obstblüte. Nur hier am Nordhang des Thüringer Waldes gibt es keine gravierenden Schäden. Aus dem ganzen Bundesgebiet kommen Käufer ... und am Ende der Erntezeit verzeichnet SILOAH einen Gewinn von 60 000 D-Mark!

Vor diesem Hintergrund sind schon zu Beginn die Kontakte nach Osteuropa entstanden, die bis heute vor allem im »Internationalen Erntesommer« von August bis Oktober ihren Ausdruck finden und über Austauschreisen intensiv gepflegt werden. Neben den Mitgliedern der Kommunität stehen nur eine Handvoll Leute aus dem Dorf und ein paar Rüttelmaschinen 80 000 Obstbäumen gegenüber. Freunde aus Polen und Tschechien kommen. 30 bis 40 sind im Sommer '91 dabei – die jedes Jahr wiederkommen und immer Leute mitziehen. Inzwischen ist ein internationales Jugendnetzwerk daraus entstanden, mit Beziehungen bis ins Baltikum, die Ukraine, nach Weißrussland oder Moldawien.

Spannungsreiche Aufbauzeit

Die erste Ernte ist für die Kommunität ein »Signal«: zu bleiben und die Landwirtschaft als Versorgungsmöglichkeit zu entdecken. Dem Obstbau folgen der Ackerbau und die Aufzucht von Zebu-Wildrindern, auch kunst- und handwerkliche Produkte werden im kleinen Rahmen verkauft.

Der Gedanke aus den 70ern – gemeinsam leben und »ein positives geistliches Gewächshaus Klima schaffen« bleibt lebendig. Noch während sich die Kommunität von »sehr idealistischen Vorstellungen des Gemeinschaftslebens« verabschiedet, kommen über Mund-zu-Mund-Propaganda nach und nach junge Leute, die in der Gemeinschaft auf Zeit mitleben wollen; Zivildienstleistende und freie Praktikanten. Heute bilden jeweils zehn bis zwölf junge Erwachsene ein Jahres-Team.

Besonders in den ersten Jahren ist kräftige Aufbauleistung gefragt: Das Hauptgebäude mit Versammlungs-, Speisesaal und Gästezimmern muss fast neu aufgebaut, ein Technikgebäude saniert und mit Biomasseheizung, Solaranlage sowie Sanitärtrakt auf zwei Etagen ausgestattet werden; dazu kommen eine biologische Teich-Kläranlage mit Kanalisation und viele Infrastruktur- und Wegebaumaßnahmen.

Das Kapitel Baugeschichte ist in SILOAH ein leidvolles: Häufig war es schwer, die Balance zu finden – zwischen wirtschaftlichen und Stilfragen, zwischen Spendenerwartungen und ihrer sinnvollen Verwendung, Existenzangst und ersehnter Ursprünglichkeit des Lebens. Die Spannungen zwischen Wirtschaftsdenken und Glaubenswerk, das verantwortlich glaubt, haben schwere Konflikte innerhalb der Kommunität hervorgerufen. »Zwei Mal hätte der Streit um solche Fragen die Gemeinschaft beinahe zerrissen«, bekennt Schaube.

Arbeitsgemeinschaft in der Hütte

Ein kalter März-Samstag. Aus der Scheune klingen Stimmen. Dick eingepackt räumen junge Erwachsene mit Hubertus Laue die Scheune um. Aus der mittelalterlichen Schauspielkulisse mit zwei Zwischenböden, Zuschauerbänken, Baldachin und Scheinwerfern soll eine Ritterburg werden. Mit Lachen und Ächzen sind alle bei der Arbeit.

Eine zweite Gruppe ist eben auf dem Anhänger hinter einem Trecker und mit einer Häckselmaschine in die Obstplantagen gefahren, um die durch Windbruch entwurzelten Bäume in handliche Holzstämme zu verwandeln, gesondert zu stapeln und das Astwerk mit prasselndem Lärm durch den Häcksler zu jagen. Arbeit, jeden Tag handfest zupacken, sagen alle, gehört einfach zum Leben in SILOAH dazu.

Auch er gehört dazu: Hubertus Laue, Leiter des Jahres-Teams, kreatives Unikum, nie um einen Einfall verlegen; der auf Langlaufskiern über die Felder zum Gottesdienst schnürt und gemeinsam mit dem Jahresteam eine »Vater-Sohn-Zeitreise ins Mittelalter« mit Speeren, Pferden, Schwertkampf und Lagerfeuer anbietet, auf der »wie die Alten gelebt und geglaubt« wird.

Vor allem aber ist er derjenige, der den jungen Leuten »im Moratorium zwischen Kindergarten und Doktortitel« (Schaube) väterlich zur Seite steht. SILOAH möchte »jungen Leuten Orientierung geben: geistlich, beruflich, persönlich«: Hubertus Laue verkörpert diesen Leitsatz der Satzung. In jedem Jahr, kurz nachdem das neue Jahresteam gestartet ist, verbringt er im Herbst eine besondere Zeit »in der Hütte«. Ausnahmslos alle Teammitglieder heben diese Klausurwoche in einer einsamen rustikalen Berghütte, meist im Riesengebirge, hervor. Das karge Ambiente: Ein gemeinsamer Aufenthaltsraum, sonst kalte Schlafräume und eine Küche. Aber hier erzählen die Teilnehmer sich ihre persönliche Lebensgeschichte. Die Bereitschaft sich ehrlich zu öffnen »schenkt eine große Tiefe«. Das Team ist aufeinander angewiesen, sie lernen viel über sich selber und andere, über Gemeinschaft, Kommunikation und Konflikte.

Das setzt sich in SILOAH fort: mit festen Teamsitzungen und Gesprächen, mit täglichen Morgenandachten, einem wöchentlichen »Mannschaftstraining« (mit Handwerks- und Themenseminaren bis zur Kurzbibelschule) und vielen persönlichen Begegnungen in der Männer-WG über dem Büro und der Frauen-WG ein paar Gebäude weiter. Das Jahresteam lebt, arbeitet, betet zusammen, sie tragen für ihren Arbeitsbereich Verantwortung, erfahren Lob und Kritik, lernen sich und andere einschätzen: »Viele erfahren hier wertvolle Weichenstellungen für ihr Leben«, sagt Schaube. »Wir sind ein bunter Haufen mit Jesus in der Mitte.«

Bei den intensiven Beziehungen überrascht es nicht, dass die Rate der Freundschaften hoch ist. Bei den jährlichen Ehemaligentreffen finden sich viele (Ehe-)Paare zusammen, die sich während ihres Jahres in SILOAH kennen- und lieben gelernt haben.

Das Jahresteam ist stark eigenverantwortlich in die jeweiligen Bereiche eingegliedert, in denen sie auch ihre kreativen Möglichkeiten ausprobieren sollen: neben den handwerklichen Arbeiten in Haus und Hof vor allem in der Begleitung der Gästegruppen. Diese Arbeit hat sich stark ausgeweitet. Gab es zuerst nur Sommercamps von Juli bis September, so beginnt die Saison inzwischen mit dem »Mittelalterlichen Blütenfest« Anfang Mai, mit 2 000 bis 3 000 Gästen, einem Mittelaltermarkt, Schauspielen, Ritterlager und Reitturnier, setzt sich fort über die große Zeltstadt, ein Gemeindecamp mit ca. 1 000 Gästen und reicht bis zum Gebetstag für Deutschland am 3. Oktober und Erntezeiten bis in den November.

Nicht wie im Kloster

Jahresteam, Mitarbeiter und Kommunität von SILOAH leben nicht wie im Kloster zusammen, sondern jede Familie lebt für sich rund um den Hof herum. Gleichwohl ist das Gemeinschaftsleben engmaschig geknüpft. Außer zu den Morgenandachten trifft sich die Jahresmannschaft wöchentlich zum Hauskreis bei Schaubes. Die Kommunität hält donnerstags morgens eine Arbeitssitzung ab und kommt abends zusammen zu einer Gemeinschaftsrunde.

Freitags findet um 11:45 Uhr das Abendmahl statt. Großartig findet das Mechthild Dücker, die als Ehemalige heute auch in der Landwirtschaft arbeitet: »Hier kommst du mitten aus den Gummistiefeln in die Andacht. Glaube wird ganz natürlich gelebt. Irgendwie ist hier in jeder Ecke Glaube.«

Besondere Momente erlebt die große Gemeinschaft zudem bei »Schabbat«-Feiern, die nur ein paar Mal im Jahr zu besonderen Anlässen gefeiert werden. Dann lädt Hubertus, mit weitem Umhang und Laute, klatschend zum »Hevenu Schalom« ein, erklärt, dass die alten Traditionen mit Leben gefüllt sein wollen, dass der Schabbat die Feier für den Vater ist, »der uns überreichlich beschenkt«, von dessen Überfluss die Kinder trinken und Brot und Wein untereinander teilen dürfen, und ermuntert am Schluss dazu, dass alle sich den Friedensgruß entbieten.

Überhaupt versteht man es in SILOAH, Großfamilienfeste zu feiern. Da werden im Frühjahr die Zebu-Kälber aus dem Stall auf die Weide getrieben, im Sommer wird Obst, im Herbst werden Kartoffeln geerntet – und jedes Mal trifft sich die Gemeinschaft zu zünftigen spontanen Festen mit Muffins, Kuchen, Waffeln und Säften.

Fester Bestandteil des Gemeinschaftslebens ist die Gottesdienstfeier am Sonntag. Weil die Krypta dafür zu klein ist, machen sich alle auf in den Nachbarort Metebach: die Kirche ist karg und schlicht, und doch spielt sich im Gottesdienst die »Mitte des Gemeindelebens« ab (Schaube). Liturgische Elemente gehören dazu wie moderne Lobpreislieder. Und einmal mehr endet ein Gottesdienst mit Abendmahl und dem intensiven einander zugewandten Friedensgruß. SILOAH ist hier daheim. Zum Ausgang spielt Eberhard Laue, der alte Begleiter der Gemeinschaft, auf der Gitarre mit kräftigem Gesang den Gospel »Amen« mit deutschem Text. Er und seine Frau haben sich in der Nähe von Neufrankenroda ihren Alterswohnsitz gesucht. Sie pflegen zu ihren leiblichen wie zu den »geistlichen Kindern« eine »weise liebevolle Art« des Umgangs, freut sich Schaube.

Camp-Arbeit: »Einfach ... SILOAH«

Gibt es so etwas wie die typischste SILOAH-Arbeit? Neben der Lebensschule des Jahresteams nennt Schaube sofort die Camp-Arbeit. Anfangs wegen Quartierknappheit auf Zelte ausgewichen, etablieren sich die Camps spätestens nach 1997, als die Pfadfinder der »Royal Rangers« hier ihr Deutschland-Camp mit 4 000 Leuten aufschlugen (2005 gar 10 000). In einigen Jahren wollen sie mit bis zu 20 000 Teilnehmern aus allen Teilen Deutschlands wieder hier ihr Quartier aufschlagen. »Das würde passen«, meint Schaube. Nur der öffentliche Wasserspeicher muss bis dahin von heute 60 auf 200 Kubikmeter vergrößert werden.

Kleiner, dafür regelmäßig lockt die jährliche Sommer-Zeltstadt bislang rund 1 000 Besucher an. »Einfach leben, einfach glauben, einfach ... SILOAH«: Das eingängige, mehrfach in SILOAH zu findende Motto ist zwar »geklaut vom ›ChristCamp‹« in Krefeld. Aber es beschreibt gut die Einfachheit des Ortes. Jugendliche merken, hier ist noch nicht alles fertig, »hier kann ich noch meine Fingerabdrücke hinterlassen«. SILOAH hat den Charakter einer Großfamilie: Alles läuft so eng zusammen wie in einer großen Familie, die mit den Laues »senior« aus drei Generationen besteht. Auch die ökologische Bio-Landwirtschaft, deren Produkte im eigenen Hofladen und auf Märkten in der Region verkauft werden, gibt dem Ort sein Gepräge.

Auch das »Ossi«-Etikett passt durchaus für die Gemeinschaft. Nicht nur, dass ein Großteil der Jahresteams aus den östlichen Bundesländern kommt. Schaube sieht es auch deswegen als treffend an, weil »vieles stark laienhaft-pragmatisch läuft«. Er zieht den Vergleich zum nicht weit entfernten Kloster Volkenroda, wo der »Christus-Pavillon« der Kirchen von der »Expo 2000« aufgebaut wurde: »Im Vergleich zu uns ist das wie ›Jerusalem‹, ein ökumenisches Kirchenprojekt mit viel Geschichte, Stahl und Glas. SILOAH ist da eher ein ›Bethlehem‹, die ›Camping-Kommunität‹: bäuerlicher, unprofessioneller, einfacher ...«

Das gilt auch für die Finanzen: Von der Thüringischen Kirche erhält SILOAH 1 000 Euro Zuschuss pro Jahr. Der Gesamtetat von rund 750 000 Euro wird bestritten durch die Einnahmen aus den landwirtschaftlichen Produkten, dem Gästebetrieb und durch Spenden aus einem rund 4 000-köpfigen Freundeskreis.

Trotz eines festen Standbeins in der evangelischen Kirche sagt Schaube zum geistlichen Standort SILOAHs: »Wir passen in keine Schublade.« Das hat sei-

handgemalter SILOAH-Wegweiser

nen Grund vor allem in der »typischen Weite«, die die evangelikalen Christen in der DDR gekennzeichnet hat. Einen so weiten Unterschied zwischen Evangelikalen und Charismatikern wie im Westen gab es hier nicht. Schaube: »Durch den politischen ›Kesseldruck‹ in der DDR standen ›die Frommen‹ immer enger zusammen.« In SILOAH »kreuzen sich verschiedene Linien«: der CVJM in der missionarischen Prägung eines Eberhard Laue; jüdische Akzente und freikirchliche Prägungen; die GGE hat hier einen regionalen Treffpunkt mit Gebetstag am 3. Oktober; im Sommer ist hier auch schon mal die Jugendarbeit der charismatischen Erneuerung in der katholischen Kirche zu Gast – der Superintendent des Kreises erkennt in SILOAH ein geistliches Zentrum auch für die Region.

Nach 17 Jahren SILOAH formuliert Schaube klare Ziele: Äußerlich wünscht er sich eine wirtschaftlich unabhängigere Kommunität, und dass sie endlich den SILOAH-Hof als Eigentum vom Freistaat Thüringen übertragen bekommen. Schaube: »Wir wollen dem Staat nicht länger 9 000 Euro Erbbaupacht dafür zahlen, dass wir seine Jugendarbeit machen. Die Tendenz der letzten Jahre zeigt deutlich, dass wir künftig noch mehr sozial auffällige Jugendliche aufnehmen müssen.«

Geistlich wäre ein Wunsch, zunehmend »spirituelles Ferment in die Kirche hinein« zu sein: Könnte es nicht ganz normal sein, dass Leute hier anrufen und konkrete Anliegen zur Fürbitte nennen? Wie könnte das Land noch stärker geistlich durchdrungen werden? Geht es nach Schaube, kann SILOAH künftig »noch deutlich mehr ein Ort der Gegenwart Gottes sein, wo seine Gegenwart gefeiert und nicht nur *für* Gott *gearbeitet* wird«.

Familienkommunität SILOAH

Gutsallee 4, 99880 Neufrankenroda
Tel. 03 62 54/8 44-0; Fax 03 62 54/8 44-99
E-Mail: kontakt@siloah-hof.de; www.siloah-hof.de

Postkutschen-Station a.D.

Das Missionshaus Bibelschule Wiedenest

Bibelschülerin in der Bibliothek

Die Leiter in Wiedenest erzählen gern die Geschichte aus der Warteschlange am Flughafen Düsseldorf. Ein junger Japaner begegnet einem jungen Deutschen. Der Japaner fragt: »Wo kommst du her?« Der Deutsche umschreibt: »Aus der Nähe von Köln.« Der Japaner will es genauer wissen, und der Deutsche sagt: »Wiedenest«. Der Japaner lächelt erstaunt: »Das kenne ich! Ich übersetze gerade ein Buch von Erich Sauer ins Japanische.«

Szenen wie diese könnten sich auch in anderen Teilen Europas, in Asien oder Afrika abspielen. Mit Ausnahme von Australien, arbeiten Missionare von hier auf allen Kontinenten. »Durch Erich Sauer und die Mission ist Wiedenest weltbekannt geworden«, sagt Gerd Goldmann, der heutige Leiter des Werkes.

Der Ort, von dem das alles ausging und -geht, liegt in einem kleinen Städtchen im Oberbergischen, von Köln aus gesehen kurz hinter Gummersbach. Ein Ortsteil von Bergneustadt, 3 500 Einwohner. Ein Stückchen unterhalb der Kirche aus dem 11. Jahrhundert befindet sich ein altes Fachwerkgebäude, das zur Jahrhundertwende vom 19. zum 20. Jahrhundert als Postkutschen-Gasthaus diente. Bevor der Weg nach Olpe auf einen Höhenkamm anstieg, wurden hier die Pferde gewechselt, und die Kutscher genehmigten sich noch ein kühles Bier. Kurz nach dem Ersten Weltkrieg, 1919, wird das ehemalige Gasthaus erste Herberge für das heutige Missionshaus Bibelschule Wiedenest (MBW), das sich in den folgenden Jahrzehnten auf das gesamte Nachbargelände ausdehnt und mittlerweile einen Komplex von acht Wohn- und Verwaltungs-, Wirtschafts- und Personalgebäuden sowie ein modernes Schulungs- und Begegnungszentrum beheimatet.

»Wiedenest« zählt heute rund 60 Mitarbeiter, dazu bis zu 145 Studierende, es ist die Zentrale von 140 Auslandsmissionaren, Ziel von mehreren Tausend erwachsenen und jugendlichen Gästen mit einer jährlichen Übernachtungszahl von 27 000; rund 6 000 Teilnehmer kommen zu den Wiedenester Veranstaltungen und Tagungen.

Mit seiner vielfältigen Arbeit im In- und Ausland und seiner von der »offenen« Brüderbewegung geprägten Theologie mitsamt ihren bestimmenden Köpfen Erich Sauer und Ernst Schrupp hat sich Wiedenest in den zurückliegenden 100 Jahren zum deutschen Zentrum dieser missionarischen Gemeindebewegung entwickelt.

»Allianz-Bibelschule« in Berlin

Die Geschichte Wiedenests beginnt im Berlin von 1905: »im Zusammenhang der Dynamik der zweiten Erweckungsbewegung zwischen 1875 und 1909«, erzählt Horst Afflerbach, Dozent an der Bibelschule und Sauer-Biograf. Missionarische Initiativen lagen damals in der Luft. In Berlin betrieb Fräulein Toni von Blücher, Nichte des berühmten Feldmarschalls, eine blühende sozialmissionarische Arbeit mit bis zu 400 Kindern sowie Näh-, Häkel- und Teetreffen für Frauen. Auch in Russland gab es zu der Zeit einen erwecklichen Aufbruch: Im Norden des Landes, um St. Petersburg, bekehrten sich viele Adlige, im Süden ein großer Teil der Landbevölkerung.

Vor diesem Hintergrund kam vonseiten der Evangelischen Allianz der Anstoß: Wir brauchen eine Bibelschule! In Russland bekehren sich Tausende, Gemeinden entstehen, aber es gibt keine Leiter und keine Lehrer! Diesen Anstoß nimmt eine Gruppe von Christen um

Toni von Blücher, General Georg von Viebahn, Dr. Friedrich-Wilhelm Baedecker und den Freiherrn von Thiele Winckler auf – und beschließt im April 1905 die Gründung einer Bibelschule, die am 5. September als »Allianz-Bibelschule« ihren Lehrbetrieb aufnimmt. 18 Schüler bilden den ersten Jahrgang dieser ersten evangelikalen Allianz-Bibelschule: Geistlich in der Brüderbewegung beheimatet, wollten sie »dem ganzen Leib Christi dienen, auf breiter Basis als Allianz-Bibelschule«, wie es Gerd Goldmann heute formuliert.

Erster Leiter ist der westfälische Pfarrer Christoph Köhler. Er bringt seinen Vikar (und späteren Schwiegersohn) Johannes Warns mit und geht an die Aufgabe, zunächst vor allem die Christen aus den russischen Gemeinden auf ihre Leitungsaufgaben vorzubereiten. Bis zum Zweiten Weltkrieg werden mehr als 100 geistliche Führungspersönlichkeiten geschult, um den geistlichen Aufbruch im Osten zu begleiten. Viele Jahre bewegen sich die Zahlen der zunächst ein-, später zweijährigen Bibelschulausbildung regelmäßig zwischen 18 und 22 Schülern, die anschließend in den ersten Jahren meist nach Russland zurückgehen; je länger, desto mehr entwickelt sie sich parallel auch zu einer Schule für innere Mission. Eine Besonderheit dabei: Lange hat es geheißen, dass nur »Brüder« ausgebildet wurden. Horst Afflerbach hat herausgefunden, dass schon 1915 in den Mitteilungen der Bibelschule von einem Kurs für Schwestern berichtet wurde. Sie waren allerdings keine durchgängige Einrichtung; erst 40 Jahre später wurden sie offiziell aufgenommen.

Die »Glaubensmission« zieht nach Wiedenest

In ihren Anfangsjahren wird die Bibelschule stark von der Weltweiten Evangelischen Allianz von London aus unterstützt. Viele Kollekten gehen nach Berlin. Daneben gibt es zahllose Einzelspenden. Im Kern geht die Bibelschule den Weg einer Glaubensmission, die »alles im Glauben von Gott erwartet« – besonders die finanzielle Versorgung. Darin geht sie zurück auf den berühmten Chinamissionar Hudson Taylor und dessen Freund Georg Müller, den »Vater« der christlichen Waisenhausarbeit in England.

Auch für die Berliner Bibelschule war das Vertrauen in Gott nötig. Seit dem Ersten Weltkrieg wird die Situation angesichts der wirtschaftlichen Großwetterlage angespannter, das Leben in Berlin teurer. Zeitweilig bewegt sich die Schülerzahl an der unteren Grenze. Die Bibelschule bezieht vorübergehend in einem Landhaus in Thüringen Quartier. Eine richtige Mangelsituation bleibt ihr erspart, auch weil die Gemeinschaft auf ein ganzheitliches autarkes Landwirtschafts- und Arbeitsmodell setzt. Bis heute gehören regelmäßige Arbeitseinsätze in Haus, Garten und Handwerk zum festen Programm von Wiedenest.

Und dann erlebt die junge Bibelschule 1919 eine Wegführung Gottes, die mit dem Umzug ins Oberbergische Land endet: Im Rheinland leben viele Freunde des Werkes. Zu ihnen gehört der Major August Freiherr von Wedekind. Eines Tages lesen er und ein Freund, Ernst Reuber, in einer Zeitungsannonce von einem Haus im nahe gelegenen Wiedenest. Auf dem Weg zur Besichtigung begegnet ihnen ein Geschäftsfreund Reubers, der ihm völlig unerwartet eine offene Geldsumme zurückzahlt. An dem Objekt angekommen, einem Gasthaus, ist der Eigentümer schon in Verhandlungen mit einem anderen Käufer. Wenig später gesellt er sich zu ihnen auf die Veranda – und willigt in eine sofortige Kaufunterzeichnung ein, sofern die Interessenten die Summe von 5 000 Reichsmark bar auf die Hand zahlen: exakt die Summe, die Reuber kurz zuvor von seinem Geschäftspartner erhalten hat!

Sie sehen das als deutliche Führung Gottes und schließen den Kauf ab. Und Wedekind schickt sofort ein Telegramm an Johannes Warns in Berlin: »Offene Türen in Wiedenest. Erwarte dich sofort! Wedekind.«

Für Theologie und Mission

Fortan lebt die Bibelschulgemeinschaft in dieser ländlichen Gegend im »frommen Gürtel« zwischen Westfalen und dem Siegerland, wo es »in jedem Dorf eine Gemeinde oder Gemeinschaft« gibt, erzählt Afflerbach. Weil Christoph Köhler zu alt für den Umzug ist, leitet

Warns die Bibelschule zunächst allein, lädt aber 1920 den jungen Berliner Theologen Erich Sauer ein. Sauer hat ein so starkes Augenleiden, dass ein Arzt seinen Eltern vor Jahren geraten hat, dass ihr Sohn einen Beruf ergreift, bei dem er nicht viel lesen muss ... Tatsächlich hat Sauer sein Leben lang gelesen und geschrieben, obwohl es Afflerbach »ein Rätsel« ist, »wie der Mann lesen konnte«. Mit Eifer arbeitet er an seiner heilsgeschichtlichen Theologie, die Wiedenest bis heute prägt und weltweite Verbreitung gefunden hat. Die Bibel ist nicht nur ein Geschichtsbuch, sondern: Gott ist in die Geschichte gekommen; Gott macht Geschichte. »Mit seiner theologischen Arbeit hat er viele zum Sehen gebracht«, sagt Afflerbach mit Hochachtung.

Ausgestattet mit einem immensen Fundus theologischer Literatur im Kopf und einem phänomenalen Gedächtnis, hat Sauer später seine Vorlesungen fast blind gehalten und sich unermüdlich so gut er konnte schwer entzifferbare Notizen gemacht.

Mehr als 200 säuberlich geordnete Kartons bewahren die zahllosen Manuskripte in krakeliger Sütterlin-Handschrift und die Abschriften heute im Wiedenester »Sauer-Archiv« vor dem Zerfall. Zudem zeugen eine Bibliothek mit 20 000 Bänden, ein umfangreiches Zeitschriftenarchiv und sogar eine eigene Buchbinderei von dem achtsamen Umgang Wiedenests mit der Theologie. Doch bei allem theologischen Gewicht: Schon von ihren Anfängen an hat die Bibelschule das (theologische) Wissen mit der Persönlichkeitsentwicklung (dem Sein) und dem Tun (einem Handeln aus reifem Glauben) verbunden: bis heute aktuelle Kernschlagworte.

Der Mann, der entscheidend den missionarischen Gedanken im MBW nach vorn gebracht hat, heißt Ernst Schrupp. Der langjährige erst vor wenigen Jahren verstorbene Leiter lernt Erich Sauer auf einer Studentenfreizeit kennen. Da hat sich der Wehrmachtsoffizier bereits vom verbrecherischen Naziregime losgesagt und Gott öffentlich den neuen Lebensabschnitt geweiht. Er ist engagiert in der christlichen Studentenbewegung, als ihn 1948 der Ruf nach Wiedenest erreicht. Das Werk befindet sich in einer Krise: Nach dem Krieg melden sich nur wenige Bibelschüler an. Das Baptistische Seminar, das in Kriegsjahren hier zu Gast war, ist nach Hamburg zurückgekehrt. Sauer ist kurz davor aufzugeben. Mit einer gehörigen Portion Pioniergeist und mit einer auf Erich Sauers Erkenntnis (»Jeder Christ ein Missionar. Jede Ortsgemeinde eine Missionsgemeinde.«) basierenden Vision ausgestattet, gelingt es dem neuen Leiter, zahlreiche Baptisten- und Brüdergemeinden für die Aussendung von Missionaren zu gewinnen – die in der Bibelschule ausgebildet werden. Folgerichtig wird die Schule ab 1952 um die Einrichtung des Missionshauses erweitert und 1958 ein Schulungs- und Begegnungszentrum auf dem Wiedenester Gelände errichtet; spätestens jetzt ist das »Missionshaus Bibelschule« geboren.

Die Arbeit des umtriebigen Ernst Schrupp, ein »missionarischer Machertyp mit unternehmerischem Potenzial« (Afflerbach), der in den Jahren danach parallel mitbeteiligt ist an der Gründung des Missionswerks »Jugend für Christus«, der »Studentenmission in Deutschland« und dem Evangeliums-Rundfunk (ERF), führt zu einem Aufschwung mit regelmäßig bis zu 100 und mehr Schülern; und sie führt direkt in die moderne Arbeit des MBW heute.

Programme für evangelistisch aktive Gemeinden

Denn das Missionshaus will den missionarischen Aufbruch *in den Gemeinden* fördern; die Gemeinden sollen nicht nur Missionare senden, sondern selber missionarisch aktiv sein. »Wir machen unsere Veranstaltungen letztlich, um den Gemeinden zu sagen: Macht es selber! Wir entwickeln Dinge, die dann in den Gemeinden übernommen werden können«, umreißt Werksleiter Gerd Goldmann den seit 50 Jahren aktuellen Zielgedanken des MBW.

Die umfassendste und aktuellste Ausprägung dessen erlebt man in der Arbeit des »Gemeindeforums«. In diesem Arbeitszweig werden seit Ende der 90er-Jahre alle Gemeinde-Angebote gebündelt. 160 bis 180 Konferenzen, Tagungen, Foren, Evangelisationstrainingsprogramme, Männer- oder Frauentage stehen jedes Jahr auf dem Wiedenester Kalender. Die Schwerpunkte sind Leiterschaft und Seelsorge – »weil wir glauben, dass das in unseren Gemeinden oft zu kurz kommt und wir da mehr tun müssen«, erklärt Goldmann

– und natürlich Mission und Evangelisation: »Der missionarische Gedanke taucht überall auf.«

Ein großes Spielbein im »Gemeindeforum« ist die Kinder- und Jugendarbeit (Titel: »inAktion«). Neben den klassischen Pfingstjugendkonferenzen, die seit den 60ern jährlich 2 000 Jugendliche anziehen und das »Wiedenester Liederbuch« weit über die Brüderbewegung hinaus bekannt gemacht haben, gehören seit Jahren auch die großen »Sommerlager« (SOLA) für Kinder, Jungscharler und Teenager dazu. In vier Wiedenester SOLAs kommen jedes Jahr bis zu 800 Kinder zusammen, von denen sich bisweilen »die Hälfte bekehrt«, freut sich Martin Schneider, Gesamtleiter von »inAktion«.

Auch hier greift wieder der Multiplikations-Gedanke: Mittlerweile gibt es rund 50 Orte in Deutschland, an denen eigene SOLAs veranstaltet werden; es wird »zum eigenen Ding« in der Heimatgemeinde. Die Idee greift so bundesweit auf bis zu 6 000 Kinder und Jugendliche über. Darüber hinaus hat Wiedenest seit ein paar Jahren einen Aktions-Lkw in Betrieb genommen: An dieser »Playstage« mit Kletterwand, Basketball- und Soccerfeld, Bistro und Bühne begegnen sich bei 10 bis 15 Einsätzen im Jahr jedes Mal bis zu 500 Jugendliche; Wiedenester und Gemeindemitarbeiter vor Ort wirken dabei zusammen.

Eine der neuesten Ideen bei »inAktion« sind evangelistische Kinderfrühstücke in örtlichen Gemeinden, zu denen »50 bis 80 Prozent der Kinder aus nicht frommem Hintergrund« kommen, weiß Martin Schneider. Alle »inAktion«-Mitarbeiter werden in etlichen Kursen geschult und können sich einem eigenen Netzwerk für Intensivbegleitung anschließen: Das ist nötig, um die Gemeindejugendarbeit »auf Dauer auf hohem Niveau« zu halten (Schneider).

Lebensschule und Hausgemeinschaft

Insgesamt 28 000 Verpflegungstage zählt die Wiedenester Hausmutter Regina Binder jedes Jahr. Die meisten Gäste kommen aus Nordrhein-Westfalen, aber der Gesamtradius erstreckt sich von Freiburg über Hamburg bis nach Berlin; Gemeinden sind »querbeet« vertreten, viele aus Brüdergemeinden, aber auch aus landeskirchlichen, Freien evangelischen oder Methodisten-Gemeinden, vereinzelt kommen auch Katholiken. Als Hausmutter ist Regina Binder auch Vertrauensperson. Das ausgiebige Lernen, die regelmäßigen Arbeitseinsätze, das intensive Zusammenleben: das ist »eine gute Lebensschule«, meint sie.

Gäste wie Mitarbeiter schätzen die besondere Atmosphäre und das gemeinsame Leben in Wiedenest: »Dies ist gekennzeichnet von Liebe, Rücksichtnahme und geistlicher Weite«, erklärt Gerd Goldmann, »hier bist du angenommen.«

Die bis zu 140 Studierenden und 50 hauptamtlichen Mitarbeiter verstehen sich »als eine geistliche Einheit«, sagt Goldmann. Die Hausmutter und ihr Gegenpart, Hausvater Reinhard Sakowski, sehen sich als Seelsorger der Hausgemeinschaft. An jedem Montagmorgen gibt es die große »Werksandacht«. Alle 14 Tage stehen an einem festgelegten Tag ausgedehnte »Gebetsnachmittage« an. Und täglich gibt es lebhafte Begegnungen bei den Mahlzeiten im großen Speisesaal, die als »Info-Börse« oder Gespräche zu persönlichen Fragen dienen. Regina Binder ist »seit über 30 Jahren hier – und ich habe es noch keinen Tag bereut«.

Große Projekte schweißen zudem die Wiedenester Gemeinschaft zusammen. Ende der 90er etwa entstand die Frage, was mit dem veralteten und nicht sanierungsfähigen Schulungs- und Begegnungszentrum passieren sollte. Zum Jahreswechsel 1997 fiel der Beschluss: Wir bauen neu! Das mehrere Millionen Mark schwere Glaubenswagnis gelang. Seit 1999 ist das neue Zentrum fertig: eine Halle für 850 Gäste, neue Tagungsräume mit verschiedensten Variationsmöglichkeiten – »und es ist inzwischen auch bezahlt«, schiebt Goldmann nach. Bei einem aktuellen Gesamtjahresetat von 6,5 Millionen Euro in Stammhaus und Mission erscheint es dem ehemaligen Industriemanager »unglaublich, dass das Werk 100 Jahre so durchgegangen ist«, ausschließlich aus Spenden finanziert. »Wir leben aus dem Glauben.«

»Ein Werk innerhalb der Brüdergemeinden ...«

Die beiden traditionellen Bereiche Wiedenests, Bibelschule und Missionshaus, basieren neben der Überkonfessionalität und der Unabhängigkeit von Kirche und Staat auf dem »Schriftprinzip« (Afflerbach), der Autorität der Bibel. Dabei war der Missionsgedanke »immer schon in der DNS von Wiedenest«, formuliert es Horst Engelmann, der Leiter des Missionsbereichs. Dem Prinzip der sendenden Gemeinde wird Rechnung getragen, indem mindestens eine Gemeinde einen Missionar sendet, dazu kommt manchmal eine »Adoptivgemeinde«, die den Missionar zusätzlich unterstützt. Die Bibelschule ihrerseits bietet vom Abendkolleg über Sommerbibelschulen bis zur ein- bis dreijährigen Schulausbildung plus einem akademischen Aufbaukurs »für jeden etwas«, der eine haupt- oder ehrenamtliche Aufgabe in der Gemeinde in Angriff nimmt oder schon innehat, umschreibt Ulrich Neuenhausen das Profil.

Gerd Goldmann fasst es bündig zusammen: »Wiedenest ist ein Werk innerhalb der Brüdergemeinden, das auch anderen Gemeinden dient«, und zitiert damit den Leitsatz der »Vision Wiedenest

Der Sauer-Biograf Horst Afflerbach

2007«. Natürlich stehen Evangelisation und Mission darin »ganz vorne«. Natürlich ergeben sich auch Fragen: Gibt es nicht Widersprüche, wenn einerseits Frauen für den geistlichen Dienst in Gemeinden ausgebildet werden, andererseits aber nach Verständnis der Brüderbewegung keine Leitungsverantwortung tragen dürfen? Zumal Ulrich Neuenhausen betont, dass er »Wiedenest immer als einen Ort erlebt« hat, »an dem man sehr weit denken darf« und die Lehrer aus unterschiedlichen Gemeinderichtungen »eine gewisse Breite repräsentieren«. Das gilt auch für die Wertschätzung von Frauen für ihre Dienste in Gemeinde und Mission. »Allerdings sind wir überzeugt, dass Frauen nicht als Älteste Gemeinden leiten und auch keine Predigtdienste in Gemeinden tun sollten«, sagt Goldmann.

Anderes ist ihm wichtiger: ein differenzierteres Angebot der Bibelschule, noch stärker gabenorientiert, mit einem neu begonnenen Studiengang zur Ausbildung von Evangelisten: »Wir wollen weg von dem ›Einheitsbibelschüler‹.« Außerdem liegt Wiedenest zunehmend die Mission unter Ausländern in Deutschland und »die Förderung der Begeisterung für Mission unter jungen Leuten« am Herzen.

Dabei legt der Leiter großen Wert auf die Zusammenarbeit von »Wiedenest« mit den verschiedensten christlichen Initiativen und Projekten, seien es nun ProChrist, Willow Creek oder allianznahe Werke wie die AEM, der RMJ, die KBA oder die AfeT: »Bei uns wird evangelische Allianz gelebt«, ist Goldmann überzeugt. Folgerichtig. Wurde »Wiedenest« doch 1905 als »Allianz-Bibelschule« gegründet.

Missionshaus Bibelschule Wiedenest

Olper Str. 10, 51702 Bergneustadt
Tel. 0 22 61/4 06-0; Fax 0 22 61/4 06-1 55
E-Mail: info@wiedenest.de; www.wiedenest.de

AufAtmen
Zur Ruhe kommen in der Gegenwart Gottes.

AufAtmen
Über die geistliche Einsamkeit